O CAPITAL MORAL
ou a falta dele

MARCELO C. P. DINIZ

O CAPITAL MORAL
ou a falta dele

Copyright© 2004 by Marcelo C. P. Diniz

Todos os direitos desta edição reservados à Qualitymark Editora Ltda.
É proibida a duplicação ou reprodução deste volume, ou parte do mesmo,
sob qualquer meio, sem autorização expressa da Editora.

Direção Editorial SAIDUL RAHMAN MAHOMED editor@qualitymark.com.br	Produção Editorial EQUIPE QUALITYMARK
Capa WILSON COTRIM	Editoração Eletrônica UNIONTASK

CIP-Brasil. Catalogação-na-fonte
Sindicato Nacional dos Editores de Livros, RJ

D612c

    Diniz, Marcelo C. P.
        O capital moral ; ou, a falta dele? / Marcelo C. P. Diniz. — Rio de Janeiro : Qualitymark, 2004.

        Apêndice
        Inclui bibliografia
        ISBN 85-7303-501-3

    1. Administração. 2. Mudança social. 3. Ética. I. Título.

04-1758   CDD 658
                                                                                                                  CDU 65

2004
IMPRESSO NO BRASIL

Qualitymark Editora Ltda.
Rua Teixeira Júnior, 441
São Cristóvão
20921-400 – Rio de Janeiro – RJ
Tel.: (0XX21) 3860-8422

Fax: (0XX21) 3860-8424
www.qualitymark.com.br
E-Mail: quality@qualitymark.com.br
QualityPhone: 0800-263311

Dedicatória

Este livro é dedicado aos meus pais e avós, que me ensinaram o valor da dignidade.

Prefácio

Um Livro Irrequieto

Para qualquer um com formação humanista, é duro de engolir uma mesa-redonda de certos economistas, empresários, executivos etc. discutindo o que imaginam que seja *o país, o futuro*. Jorram *números*, cultuam-se o *mercado* e a *competitividade*, prega-se a Lei do Mais Forte. Tudo com a mesma naturalidade com que classificam como ridículas, atrasadas, quaisquer preocupações com as pessoas, com suas expectativas e sonhos, com a prosperidade pessoal, familiar e coletiva. Estas, excluídas que estão do tal *país* e do tal *futuro*, não são cogitadas também na avaliação do impacto das políticas econômicas.

De fato, é o *ser humano* que está ausente nestas rodas.

E, na verdade, nem é preciso ter uma *formação humanista* para olhar com outros olhos o pragmatismo hegemônico nos discursos sobre o *país* e a *economia*, e o desdém contra o humano e o social. Basta dispor de um pouco... de Capital Moral.

Há alguns meses, um alto executivo de uma das agências internacionais de desenvolvimento despertou a ira dos planejadores do *status quo* do modelo econômico brasileiro, e principalmente dos agiotas internos e externos que mantêm nossa nação como refém. Tudo o que esta personalidade fez foi opinar que era preciso mudarem os critérios de avaliação de desempenho do país. Ou seja, em vez de se pensarem apenas em taxas de inflação e níveis de superávit fiscal, começarem a aferir os índices de avanço social. Há poucas semanas, também, um jornalista com coluna em importante revista nacional e presença num programa de opiniões numa estação de TV paga se referiu às propostas (e não à alegada falta de ações decisivas para concretizar essas propostas) do Governo Lula, tais como erradicar o analfabetismo e a fome, como *asneiras*. E sempre temos a mentira do Governo Bush, apregoando que haveria armas de destruição em massa no Iraque, numa tentativa puritana de estigmatizar, como *terrorista*, toda uma etnia e um credo religioso mundialmente difundido e com quatorze séculos de existência e história. A *política externa Bush* ganhou apoios na época (mas hoje, vem lhe custando caro, em termos de prejuízo eleitoral), valendo-se de um país, os EUA, aparvalhado e assustado com o 11 de Setembro. A popularidade que sua questionada eleição não lhe conferiu, conquistou-a, enfim, este bisonho Senhor da Guerra. Assim como a aceitação tácita para sua defesa do isolacionismo do Império, ou de sua corte, baseado no elevado princípio do *eu tenho a força, o resto é o resto...* ou... *manda quem pode, obedece quem tem juízo.*

A questão, destacada por este livro, ou por seu espírito, é que todas estas *visões* são dotadas de racionalidade. Ou melhor, de *uma determinada racionalidade*. Ou, ainda, que cada uma dessas posturas tem sua própria racionalidade. Racionalidades, sim, que não teriam espaço enquanto a utopia ética e humanista dos anos 60 e 70 ainda disputava com a selvageria capitalista, a hegemonia sobre as consciências e opções políticas da sociedade. Mas, que hoje, friamente, sem constrangimento nem contestação, tendo se saído vitoriosas daquela disputa, se impõem, absolutas, marketizando o desdém e o ostracismo de quaisquer considerações em contrário. *Preocupações sociais? Utopias... mas que coisa obsoleta e pouco prática! Se ainda querem ter lugar no mundo, esses quixotes têm de aprender a enxergar a* [nossa] *realidade!* O capitalismo da virada do século XX para o XXI impôs a lógica da vitória da nuvem de gafanhotos sobre os campos cultivados.

O ser humano sem utopias é o mesmo que tira seu lucro destruindo países, ou por bombas ou por ataques especulativos, ou para ganhar dinheiro ou votos ou petróleo, ou ainda aquele mesmo que economiza no cimento do prédio que constrói e vende, e depois, quando a construção desaba, contanto que ele não esteja debaixo e que escape das cobranças de indenizações, tudo bem. E o que será da sociedade quando os traficantes de drogas se refinarem a ponto de também começarem a se proteger com a alegação de que, *afinal, nada pessoal, just business*?

É a ética do resultado.

Ou o abandono da ética, nas relações humanas?

... A lei da concorrência virando lei da selva como modelo de *ser* (sic) humano (sic!!).

Capital Moral... ou a falta dele?

Por tudo isso, o livro de Marcelo Diniz é oportuno. Pela história pessoal do autor, que combina o empreendedor com o sonhador, Marcelo consegue, em determinados momentos, estabelecer um parâmetro superior, acima dos planos em disputa, do qual se pode refletir sobre as racionalidades dominantes... e questioná-las... e nos perguntarmos se serão tão racionais assim, em seu sentido predatório, inumano, intolerante, incapaz de conviver, de negociar, de ceder, de seduzir, de articular e somar. Ou, para usar um conceito peculiar desta obra, na sua incapacidade de combinar energias (a prática sinérgica). Por outro lado, as mesmas raízes o levam a apontar o que falta de empreendedorismo aos ideais para se tornarem factíveis no mundo hodierno.

O leitor vai aqui encontrar opiniões e juízos questionáveis, polêmicos, sobre dados da realidade atual; mas, acima de tudo, encontrará também um raciocínio diferente, inovador, uma nova ótica sob a qual tentar focalizar esses dilemas, que transcende às opiniões pontuais do autor.

Precisamos de uma Revolução Moral. O ar e as águas do planeta precisam. Os indivíduos precisam, para distribuir melhor as benesses materiais, culturais e espirituais da sociedade moderna. Nosso espírito precisa... talvez, para poder até mesmo aflorar no dia-a-dia com mais freqüência.

Enfim, *Capital moral – ou a falta dele* é a exposição de um dos *embargos* da contemporaneidade. Como acumulamos este capital? Como o transformamos em modelo social, e *de gente*?... Este é um livro irrequieto, e que nos cobra inquietude e ação transformadora.

Luiz Antonio Aguiar
Mestre em Literatura pela PUC-RJ, Escritor.

Sumário

Observação.. XIII

Introdução XV

Capítulo 1 – Paz e Liberdade 1

Capítulo 2 – A Ecologia Só Seria Viável Se Passasse a
Dar Lucros 13
    Parêntesis I: A Ética Nunca Foi Tão Necessária 24
    Parêntesis II: O Presidente Bush Vem Aí? 29

Capítulo 3 – E o Social, Também Precisa Dar Lucros? 31

Capítulo 4 – Se a Gente Não Sabe, Não Melhora. Nem Exige
Cidadania 67

Capítulo 5 – O Poder das Empresas 75

Capítulo 6 – Enquanto Isso, na Califórnia, Desenvolvem *Spirit in Business*... 81
    Parêntesis III: Um Pouco Mais de Ética para Refletir 88

Capítulo 7 – Brasil *versus* Estados Unidos 91

Capítulo 8 – Consciência, um Negócio para Ser Pragmático.
Ou a Expansão da Consciência e as Inovações Sociais 93

Capítulo 9 – Formando Consciência Através da Mídia 107

Capítulo 10 – Promovendo Expansão da Consciência pela
Própria Sociedade 117
Capítulo 11 – A Expansão da Consciência Através da Política 123
Capítulo 12 – Poder Cerebral e Desenvolvimento Espiritual 125
Capítulo 13 – O Capital Moral como um Todo 135

Observação

Em 26 de fevereiro de 2001, Cristovam Buarque publicou no jornal *O Globo* um artigo intitulado *Capital Moral*. Citando o Prêmio Nobel de Economia Amartya Sem, chamava a atenção para a necessidade de capital moral na promoção de riqueza de um país.

O título deste livro, portanto, parece plágio. Mas não é. Em 29 de dezembro de 1997, divulguei na internet um artigo com o mesmo título, dentro de uma série de outros sob o tema *2010 Directions*. O objetivo era mostrar até que ponto a sociedade poderia evoluir na primeira década deste milênio. E o Capital Moral era uma necessidade. Eu propunha um Certificado de Capital Moral, a ser conferido às empresas que lhe fizessem jus.

Mais tarde, em 1º de maio de 2002, incluí essas idéias no trabalho que fizemos para o Concurso Sete Sigma, da Amana-Key, intitulado *Como Funciona a Sociedade Brasileira (num Contexto Global), como Deveria Funcionar e como Fazer Acontecer*. O trabalho foi feito juntamente com Daniela Diniz de Camargo Neves e Eduardo de Camargo Neves.

O Capital Moral é, portanto, uma feliz coincidência entre autores. Uma necessidade e uma solução, sem dúvida.

Marcelo C. P. Diniz

Introdução

A Consciência se Expande a Partir de 11 de Setembro

A história nos dirá com maior precisão, mas provavelmente o Terceiro Milênio começou de verdade em 11 de setembro de 2001. Ele já havia sido celebrado por duas vezes, devido a erros de contagem, em Times Square e Copacabana, como em quase todo o mundo. Muitos fogos de artifício e camisas brancas foram usadas em 31 de janeiro de 1999 e em 31 de janeiro de 2000.

Todos os anos as pessoas festejam desta forma, mas, na passagem do milênio havia um significado especial. Muitas preces e muitos votos foram feitos celebrando o que deveria ser um novo tempo de comunhão da humanidade com o seu mundo, inclusive o espiritual. Mas estariam as consciências, de fato, voltadas para a humanidade, ou apenas para a segurança da Terra, suas famílias, seus amigos, para si mesmas? Estariam as preocupações voltadas para a fraternidade universal ou predominantemente para o desejo da riqueza e da resolução dos problemas pessoais? O que se desejava ou se acreditava que o novo milênio nos traria? Paz, prosperidade, anjos, duendes, a compreensão de Deus?

O certo é que nada de muito diferente aconteceu neste milênio até aquele 11 de setembro. Foi quando o pequeno mostrou ao grande que podia ser perigoso, que era capaz de provocar um dano fora do comum, assim como David contra Golias.

A partir daquele momento, muitas dores e muito ódio foram criados. Mas, por outro lado, a reflexão de muitos deu um salto qualitativo extraordinário. E, tal como em todos os processos em que a consciência evolui, a mídia lhe concede espaços, os políticos, desde as prefeituras até a ONU, empreendem novas ações, as empresas alteram a sua comunicação, podem até lançar novos produtos e serviços de acordo com o tema. E novas leis são propostas. A paz entrou na ordem do dia para muita gente.

O Grande Prêmio da Paz Sergio Vieira de Mello – uma nova categoria do Festival Internacional de Publicidade do Rio de Janeiro –, promovido pela Associação Brasileira de Propaganda, por exemplo, teve perto de 50 peças inscritas. Ganhou o publicitário Washington Olivetto, aquele que sofreu um traumatizante seqüestro em 2001, com a criação do filme "Paz".

É o mesmo que está acontecendo com a consciência ecológica. No seu processo de desenvolvimento econômico, o homem acreditava que devia e tinha todo o direito de dominar a natureza. Até que a poluição começou a ameaçar a sua existência, a lhe causar prejuízos mais visíveis e, então, surgiram as ONGs dedicadas ao problema, as empresas alteraram métodos de produção, algumas até embasaram o seu marketing e a sua comunicação no fator ecológico, a imprensa tornou-se pródiga em espaços, criaram-se leis regulamentadoras. O processo ainda está em andamento, mas é um exemplo de que o mesmo pode acontecer com qualquer uma das nossas consciências – social, cidadã, ética, planetária, mesmo porque elas estão interligadas.

Por outro lado, há estatísticas incontestáveis sobre um renascimento religioso no Terceiro Milênio, tendência que está presente em nossas vidas desde as últimas décadas do século passado: adeptos do New Age, carismáticos, evangélicos, judeus, muçulmanos, budistas, credos e seitas as mais diversas – cada movimento predominando em determinadas regiões do globo, cada vez mais presentes na cena espiritual e política da humanidade como um todo.

Curiosamente, a Igreja Católica perde fiéis, mas não porque as pessoas tenham abandonado a sua busca espiritual. Elas apenas estão cansadas daqueles ritos enfadonhos, ou discordantes de certas orientações do Papa em relação ao divórcio e ao sexo seguro, principalmente.

Quantos livros de religião e auto-ajuda foram vendidos nas últimas décadas? Quanta gente se interessou pela espiritualidade da Índia, por Machu Pichu ou mais lugares sagrados? De Kardec ao Dalai Lama, a procura tem sido intensa.

Mas quanta gente aplicou o que aprendeu e abandonou as práticas mais cruéis do capitalismo, o egoísmo exacerbado, a busca incessante do lucro, não importando as consequências a terceiros? Quanta gente abandonou a avidez do consumo?

A globalização se adianta, produz riquezas e desigualdades. Pior que isso, muitos (os considerados menos aptos) são simplesmente alijados da vida econômica e social plena. Criamos párias e semipárias todos os dias.

A realidade é muito mais grave do lado de lá, no Oriente. O islamismo é uma religião totalitária, pois deseja regulamentar vários aspectos da vida individual e social. Então, como aceitar valores culturais diametralmente opostos? Como aceitar que o excesso de consumo, a violência e o sexo lhe bata às caras, na tela da televisão, ou que uma loja do McDonald's lhe altere a paisagem, subvertendo o seu modo de vida? Os fanáticos, que não são poucos, rejeitam tudo isto violentamente. Pior ainda porque vivem sem perspectivas. Os muçulmanos chegaram ao século XXI, do norte da África até a Ásia, com taxas de crescimento menores que as da África Negra. O contingente de jovens é enorme e não há qualquer perspectiva de sucesso. Excetuando nos países produtores de petróleo e gás, não há investimentos estrangeiros no Oriente Médio. E onde há petróleo, o dinheiro corre para o bolso de um punhado de *sheiks*, príncipes ou ditadores. Para o povo, só a frustração. A renda per capita, nos Estados Unidos, está por volta de US$29.000. No cinturão islâmico, de Marrocos a Bangladesh, existem países onde não chega a US$400. Mas, no vizinho Israel, está acima de US$16.000. Haja humilhação!

E, então, de repente, bum!

Uma facção extremamente radical e perigosa daquele povo jogou abaixo o World Trade Center, danificou o Pentágono, paralisou temporariamente a economia americana e colocou o mundo inteiro a pensar, estupefato. Hoje sabemos que o terrorismo é forma de emprego para muita gente e que os desesperados na luta pela sobrevivência são presas fáceis do fanatismo religioso: aceitam morrer pela causa.

XVIII O CAPITAL MORAL OU A FALTA DELE

As guerras anteriores, pelo menos na história recente, eram distantes. Nada que se comparasse à morte de mais de 3 mil pessoas em plena ilha de Manhattan. Nada tão emblemático como o World Trade Center e o Pentágono juntos. E para onde iria aquele quarto avião? Para a Casa Branca?

Eles queriam, e ainda querem, atingir os seus dominadores. Eles queriam, e ainda querem, inverter os papéis. É bom? É ruim? É óbvio que a humanidade, enquanto natureza que é, não precisa de dominadores, muito menos de terroristas, apenas de equilíbrio. Mas estamos tão longe desta compreensão... O que sabemos, hoje, é que os episódios de 11 de setembro de 2001 são emblemáticos no sentido de mostrar que os excluídos, ou mesmo aquelas culturas que resistam à cultura dominante, sejam elas de onde forem, também podem reunir poder – a discussão da ilegitimidade dos seus atos é um capítulo à parte. E que os contentes poderosos, por mais que possam retaliar, um dia terão que ceder, terão que oferecer liberdade e oportunidades reais aos excluídos, sob pena de ver ruir debaixo dos próprios pés o seu poder.

Não podemos nos esquecer: a guerra não se faz por si mesma. Há sempre um objetivo a conquistar e, no final, todos querem a paz. Povos desesperados podem se lançar à guerra quando não conseguem enxergar outro caminho. É um desatino, mas acontece. Assim como povos conquistadores podem se lançar à guerra visando obter mais do que têm. É outro desatino, mas também acontece. Entretanto, as ações guerreiras não querem se perpetuar. Elas querem levar à paz depois do objetivo conquistado.

Então, a cada ação terrorista surgem retaliações, aumenta-se o ódio ou o pavor, mas abre-se algum espaço para que alguém ceda. Como exemplo, podemos citar que Tony Blair, alguns dias depois dos atentados de New York, propôs o reconhecimento do Estado Palestino. E que Colin Powell anunciou que os Estados Unidos iriam combater a pobreza para acabar com o terror.

O reconhecimento do Estado Palestino é um objetivo difícil de realizar, porém perseguido. Quanto a Colin Powell, o que se viu foram duas guerras arrasadoras contra povos miseráveis, um deles governado por outro paladino da maldade – Saddam.

O Afeganistão e o Iraque já foram quase aniquilados, embora este último ensaie práticas de guerrilha nada agradáveis aos americanos e seus aliados. Mas sabe-se lá até quando: a fúria dos guerrilheiros não respeita nem a ONU. Mas a ânsia de hegemonia tenta ampliar seu domínio geopolítico. Síria e Irã estão na mira. E as consciências, onde estão? setenta por cento dos americanos foram favoráveis a George Bush durante a Guerra do Iraque. Setenta por cento! É sempre assim: enquanto o time dos Rambos está ganhando, a grande maioria aplaude com entusiasmo. Depois os guerrilheiros começam a matar os filhos deles, assim como no Vietnã. E os índices de aprovação caem drasticamente.

O certo é que, de 11 de setembro para cá, em todo o mundo, muita gente passou a entender que existiam outras realidades a serem compreendidas, outras realidades a serem resolvidas. Foi dado um duro golpe naqueles que apenas cultuavam o contentamento, nada mais lhes importava. A elite dominante, salvo uma nova chama de consciência social que começou a ganhar força nos anos 90, sempre esteve plenamente convicta que devia trabalhar para o seu próprio contentamento e bem-estar. Para ela, os pobres eram necessários apenas para realizar trabalhos desagradáveis ou inconvenientes. E não interessava mudar o sistema.

Exemplos clássicos desta situação podem ser colhidos tanto no Brasil como nos Estados Unidos. Aqui, a indústria da seca, incentivada pelos coronéis nordestinos, sempre preferiu manter as massas na penúria e na ignorância para se perpetuar no poder. Lá, nas Forças Armadas, no início dos anos 90, os negros eram 22% dos recrutas na ativa, mas representavam apenas 14% dos jovens em idade para servir.

Infelizmente, a complexidade dos fatos é ainda maior. Enquanto uma opinião pública importante sai às ruas clamando pela paz, enquanto os Fóruns clamam pela justiça social, os radicais alimentam convicções doentias, seu próprio ódio, seus egos, sua ânsia de poder e dinheiro e seguem matando. Dar a outra face, agir com diplomacia seria muito mais inteligente. Mas eles explodem trens em Madri, assassinam líderes espirituais na Palestina, e assim por diante. Ao mesmo tempo, prospera a indústria do luxo, o hedonismo acima de todas as coisas.

A atual era do contentamento chegará ao fim somente quando e se as realidades adversas que ela promove desafiarem o seu senso de confortável bem-estar.

Galbraith, 1992.

Este autor elencava outras possibilidades: grande cataclismo econômico, ação militar desastrosa no cenário internacional, erupção de uma subclasse furiosa.

A subclasse furiosa chegou. Mas ainda não foi o suficiente, foi apenas um marco inicial.

Os cultores do contentamento, sejam eles *players* nacionais ou internacionais, acreditam, ou acreditavam, que o longo prazo jamais chegará, ou chegaria. Na realidade, o capitalismo dificilmente baseia-se na ética, mas preferencialmente na supremacia dos mais aptos. Ele sempre foi perfeitamente compatível com a escravidão, para citar apenas um exemplo. E o capitalismo segue produzindo excluídos, sejam indivíduos, classes de indivíduos ou nações. É só lembrar dos operários mal formados que perdem seus empregos para a tecnologia, dos refugiados de todas as guerras ou da miséria da maioria das nações africanas.

A respeito dos empregos, o mundo parece ainda não ter resposta para a competitividade das empresas e sua ânsia de conquista de mercados e lucros. Quando instalam seus robôs, dificilmente elas se lembram de qualificar para empregos alternativos os trabalhadores que serão "guilhotinados". As "maquiladoras" mexicanas, oferecendo mão de obra barata e uma fronteira ligada aos Estados Unidos, tiraram muitos empregos dos próprios americanos e do resto do mundo. Seus operários foram se qualificando, criaram reivindicações e chegaram ao salário de US$400 mensais. Aí começaram a perder seus empregos para a China e o Vietnã, onde um trabalhador pode se contentar até com US$60 mensais. As empresas sabem responder menos ainda como poderão vender seus produtos para um mundo de desempregados, se esses não encontrarem compensação na expansão dos serviços ou no sucesso das microempresas individuais. Apelam para os governos, que devem promover desenvolvimento. Será?

A retaliação a 11 de setembro veio com a Guerra do Afeganistão e, logo depois, com a Guerra do Iraque. Muitas outras razões estão por trás dessas guerras, mas a análise minuciosa delas não é objetivo desta obra. Importa saber como elas repercutem na mídia e como contribuem para a consciência das pessoas.

Vamos rever um filme de *farwest* com John Wayne e outros bambas do gênero. As habilidades para a violência são associadas à vitória e celebradas em grande estilo. As agressões são filmadas do ponto de vista do mocinho, ninguém jamais se preocupou em saber como ficou a vida dos que sobreviveram àquele festival de tiros e socos, como ficaram suas famílias, nada disso. Imaginemos também um indivíduo que pisoteia um formigueiro. Ele pode ser considerado um herói, eliminando pragas. Mas pensemos naquela bota enorme do ponto de vista das formigas. É uma situação desesperadora.

É mais ou menos o que acontece agora, com uma diferença fundamental: a mídia não apresenta, ou não deveria apresentar, apenas os acontecimentos roteirizados e dirigidos por Hollywood. A mídia, enquanto independente, tem a missão de apresentar os fatos como eles são, de vários pontos de vista. E, então, o espectador pode se identificar com o agressor ou com o agredido, pode sofrer por um ou por outro, pode querer copiar um ou outro, pode refletir mais um pouco e chegar à conclusão de que a paz é melhor.

É incrível, mas a nossa consciência vai dando saltos a cada novo grande desastre: as torres de New York, as guerras do Bush, o avanço do tráfico de drogas no Rio de Janeiro, os atentados terroristas a toda hora, e assim por diante.

Sobre o nosso problema doméstico, é importante observar o crescente ressentimento que as populações faveladas estão criando em relação aos que vivem "lá embaixo", principalmente no Rio de Janeiro, onde as favelas estão entranhadas por toda a urbe. A desigualdade vai criando animosidades e, quando o sujeito descamba para o crime, aí não é mais ressentimento. É ódio mesmo (ou desespero).

Os favelados são crescentes em todo o país, assim como a população que mais cresce no Rio de Janeiro. As estatísticas são divergentes, mas o certo é que a população favelada carioca representa mais de 1 milhão de pessoas, talvez 2 milhões. Os favelados podem ser trabalhadores, desempregados, subempregados ou pertencentes à economia informal. Muitos têm família constituída, são honestos e pacíficos. Outros vivem à margem.

E surge um fenômeno interessante. As classes sociais, além de outros fatores, definem-se pela renda familiar, não pela renda individual. Nas residências com mais de quatro moradores, o padrão de consumo pode ser maior do que nas casas com até três residentes. Por isso, pelo dinheiro das drogas e pela troca do estudo pelo trabalho, as favelas cariocas conseguiram mais rapidamente transformar seus moradores em consumidores do que a média do Estado do Rio e do país. Mas devemos considerar que um em cada quatro adolescentes que vive nessas favelas trabalha para as quadrilhas, que pagam salário, médico e enterro. O número de mortes entre os jovens é assustador.

Melhor condição de consumo de um lado, maior discriminação de outro. As pessoas de bem que vivem nas favelas têm renda individual sistematicamente menor que a de moradores da cidade formal, são discriminadas no mercado de trabalho, chegam até a mentir seus endereços quando estão procurando emprego.

O sociólogo Helio Jaguaribe, em meados da década de 80, já havia alertado para o problema. Se continuássemos a produzir desigualdades sociais, possivelmente os favelados desceriam os morros para invadir as moradias da classe média. O que ele não previu é que os desempregados e injustiçados de toda espécie, principalmente os jovens, pudessem se aliar ao tráfico e descer o morro como criminosos muito mais perigosos e organizados.

Esses fatos podem criar ódio e retaliações, mas também aceleram a reflexão. Assim como a consciência ecológica, a consciência social tem tido um desenvolvimento importantíssimo em todo o mundo e, particularmente, no Brasil. Pela primeira vez, temos um Presidente da República que nasceu paupérrimo no Nordeste e fez sua carreira política a partir do operariado. Ainda é cedo para avaliar o seu governo, mas, com certeza, o foco mudou: Fome Zero, Programa do Primeiro Emprego e outras ações sociais em estudo ou implantação são tratadas como prioridades, mesmo que haja falhas na execução. E a sociedade civil tem acompanhado esses esforços: há um sem número de empreendimentos sociais em andamento, inclusive do ponto de vista do marketing.

Ainda a título de introdução, vejamos alguns diagramas que explicam esses processos de expansão da consciência. Eles existem desde que o mundo é mundo, apenas dão saltos qualitativos quando algum acontecimento significativo os influencia.

INTRODUÇÃO XXIII

O Processo de Evolução da Consciência

Somos tanto mais humanos quanto somos mais cultos.
Pierre Levy, em *A Conexão Planetária*.

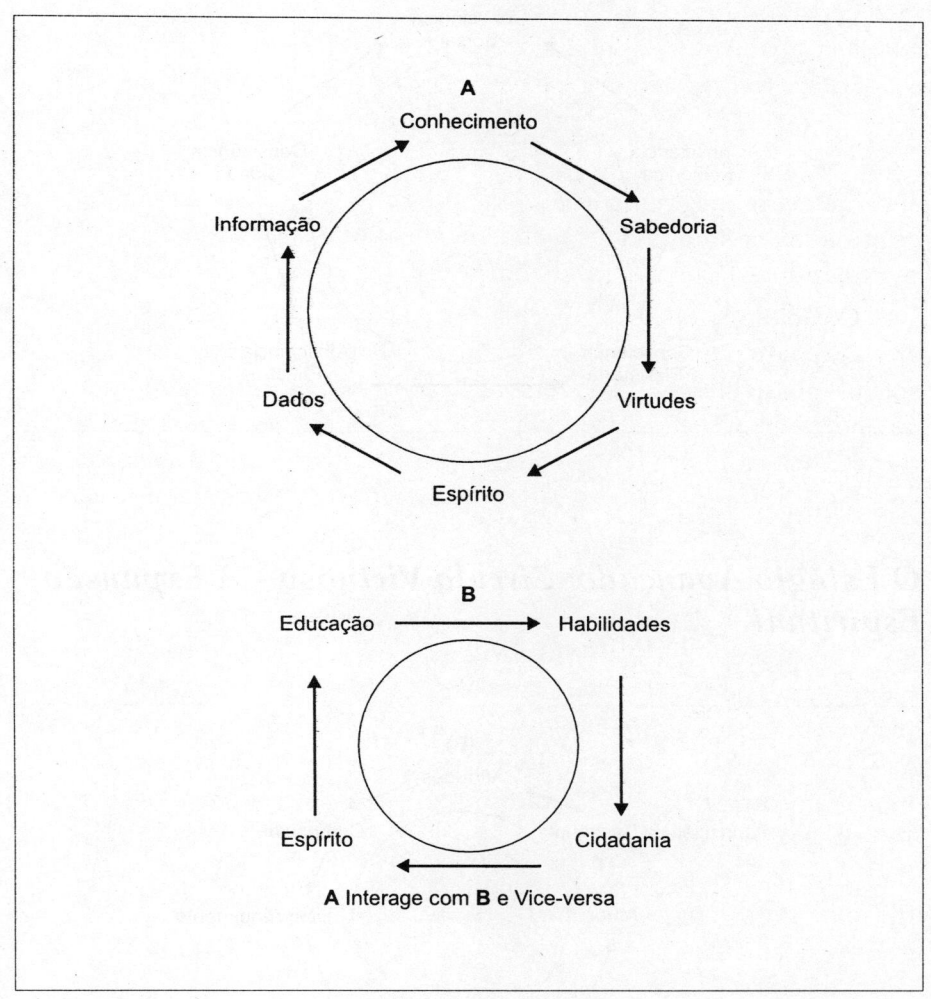

Círculo Virtuoso – A Expansão da Consciência

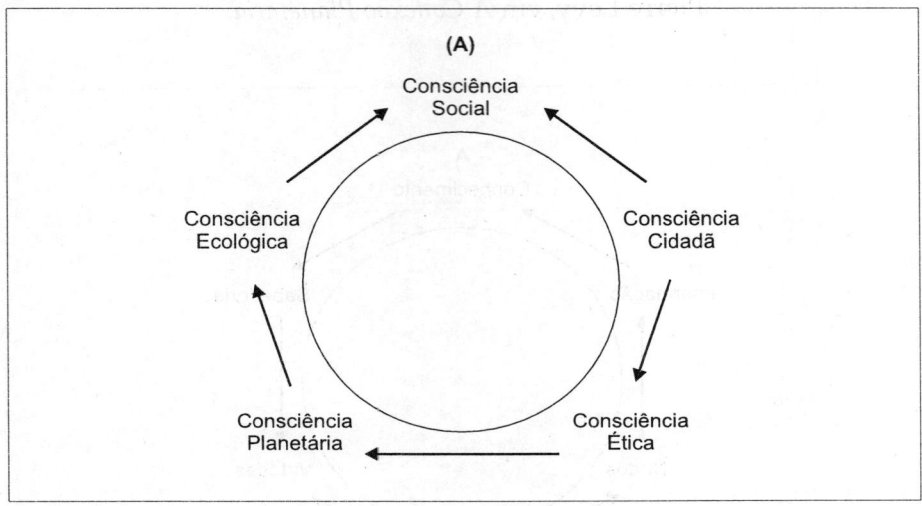

O Estágio Avançado: Círculo Virtuoso – A Expansão Espiritual

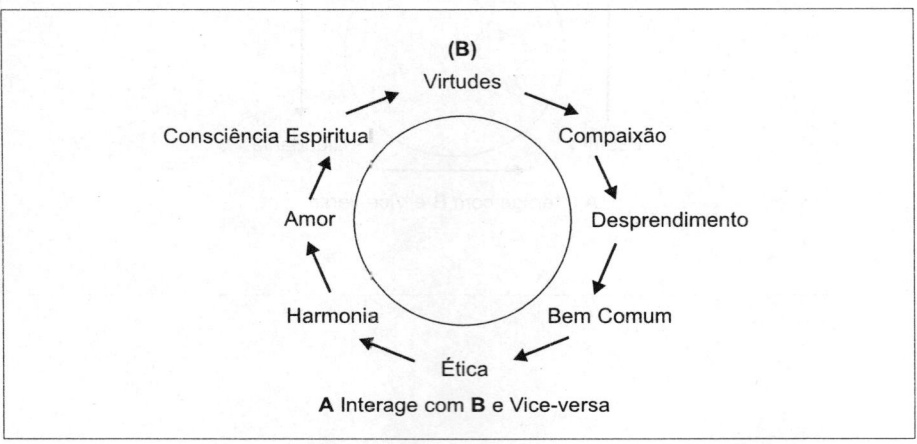

Conseqüências da Expansão da Consciência e do Espírito

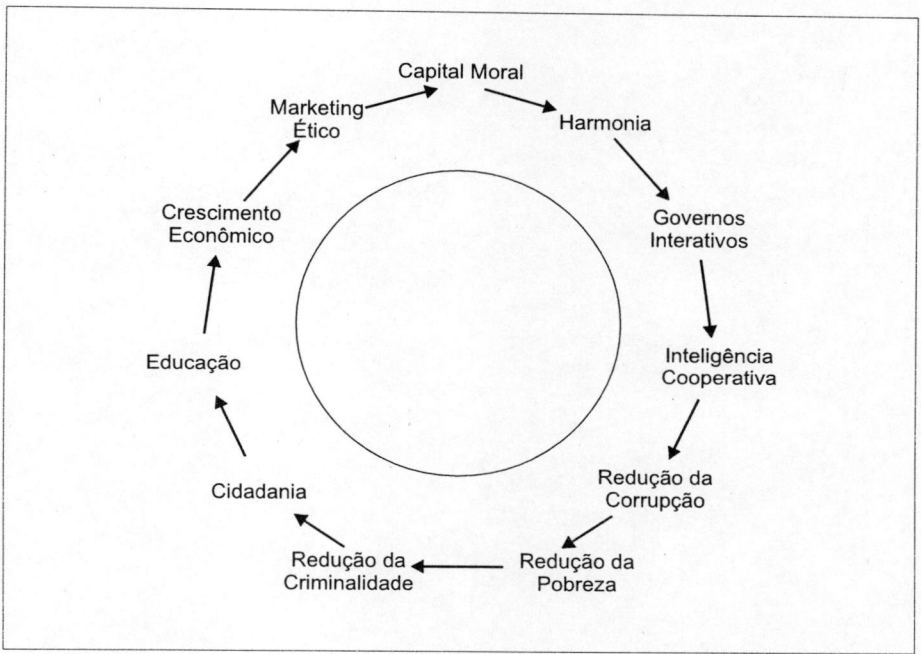

OBSERVAÇÕES:

1. O crescimento econômico será sustentável.
2. O ser humano estará em busca do bem-estar, físico e espiritual, não do acúmulo de bens.

> Nenhum poder econômico, político ou militar pode ser comparado com o poder de mudança da mente. Mudando deliberadamente as suas imagens da realidade, as pessoas estão transformando o mundo.
> Willis Harman em www.willisharmanhouse.com.br.

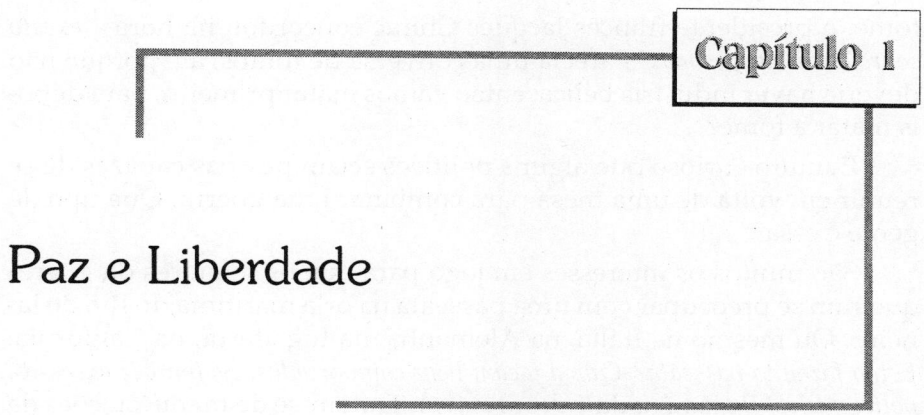

Paz e Liberdade

Satisfeitas as necessidades físicas primárias, me parece que a paz e a liberdade são os grandes anseios da humanidade. Há subprodutos: autonomia e autosuficiência, por exemplo. Mas qual é o significado da palavra paz? Como consegui-la?

Certamente não será apenas com roupas brancas e manifestações localizadas. Estas ajudam, mas não são suficientes.

Durante a Guerra do Iraque, houve manifestações pela paz em várias grandes cidades do mundo. Nem assim foi arrefecido o ânimo de George Bush e seus falcões em aniquilar o Iraque. Nem assim foi arrefecido o ânimo do sanguinário ditador Saddan Hussein em continuar no poder. Nem uma única vida foi considerada naquele jogo, nenhum sofrimento humano, perdas familiares, pernas amputadas, dores as mais agudas, nada. Apenas poder, hegemonia, controle geopolítico, controle econômico, ódio, egoísmo e sabe-se lá mais o que.

Mas, com certeza, um outro fator importantíssimo foi considerado: votos. Se a opinião pública americana não estivesse a favor da guerra, esta não aconteceria. Se não houvesse as pressões da indústria bélica, dentre outras, que se beneficiam da guerra e financiam as eleições de quem está disposto a empreendê-la, ela não aconteceria.

Aliás, vale aqui um parêntesis caricato: quando Lula propôs uma taxação sobre a indústria bélica, destinando os recursos ao combate à fome, o presidente francês Jacques Chirac concordou na hora – *exceto sobre as armas pesadas!* Parecia uma conversa de tontos, até porque não deveria haver indústria bélica: então vamos matar primeiro, para depois matar a fome?

É muito curioso que alguns políticos sejam pessoas capazes de se reunir em volta de uma mesa para combinar uma guerra. Que tipo de gente é essa?

São muitos os interesses em jogo para que os senhores da guerra queiram se preocupar com uma passeata na orla marítima do Rio de Janeiro. Ou mesmo na Itália, na Alemanha, na Inglaterra, na California. *Estão fazendo passeata? Que a façam bem comportados. Se houver excessos, polícia neles!* Porém, nada é desprezível. Tratam-se de manifestações da opinião pública mundial. Em algum momento, quanto mais fortes elas forem, maior o seu poder de influenciar o espaço político.

Mas, a rigor, a rigor, só há uma maneira de reverter o instinto beligerante do Sr. Bush e seus falcões. É jogar a maioria da opinião pública americana contra eles, já que não dão muita importância para o resto do mundo. Isto significa jogar a mídia do seu próprio país contra eles, o que não é uma tarefa fácil, mas, se for conseguido, será tão letal quanto as suas armas:

> Os meios de comunicação são fatores-chave no mundo contemporâneo e têm papel muito valioso a desempenhar... O seu poder é tão grande que, em alguns dias, eles podem criar uma reação pública positiva ou negativa em relação aos acontecimentos, segundo as suas finalidades.
>
> Papa João Paulo II

Alguns importantes intelectuais americanos se insurgiram contra os beligerantes e até mesmo contra o *american way of life*. Chegaram a culpar o governo americano que, pelas suas ações e alianças internacionais, teria, ele próprio, causado os ataques às torres gêmeas. Denunciaram que os demais países não estariam aceitando as ações americanas no Iraque, eles estavam imobilizados diante do avassalador poder bélico americano. E o Partido Democrata não estava fazendo uma oposição legítima. O certo é que a grande mídia dos Estados Unidos tratou a guerra do ponto de vista do agressor, não do agredido. Era preciso dar uma satisfação pela dor causada no ataque às torres gêmeas. Naquele momento, a imprensa não era mais imprensa, era instrumento de propaganda. E não havia, assim como ainda não há, quem instrua o americano médio.

O povo consome muita informação, mas é imaturo para as análises, é imaturo nos seus atos. Grande parte do seu entretenimento vem do cinema ou da TV. No seu imaginário, o sexo é fascinante e os filmes e videogames violentos são um transporte para a auto-afirmação. Todos parecem fascinados pela luxúria, pelas brigas, pelos tiros e pelas guerras – até mesmo os presidentes. Em outras palavras: do excesso de informações armazenadas nos computadores e em todos os meios de comunicação até o atingimento do Capital Moral há uma grande distância.

E aquela elite intelectual que é tão bem formada e sábia – estou falando dos bem intencionados – não tem tido voz suficiente para influir positivamente nas decisões dos governos. Podemos citar vários exemplos. Um deles é a organização Images and Voices of Hope. Ela trabalha com o pessoal da mídia, do jornalismo e das artes. Discute problemas, promove consciência e responsabilidade entre aqueles que nos trazem a comunicação. Mas não consegue a repercussão necessária para mudar um país a curto prazo.

Quem melhor atingiu a mídia foi o ganhador do Oscar, Michael Moore, na noite da premiação e depois. Alguns artistas, como Tom Hanks, preferiram não comparecer à cerimônia enquanto tantas pessoas morriam na guerra. Outros usaram um broche antiguerra. A grande maioria não deu a mínima e alguns, inclusive, chegaram a se manifestar a favor das decisões do Sr. Bush. Mas Michael Moore, autor de *Stupid White Men*, que lida com documentários e não com ficção, declarou com toda a força da sua coragem que os Estados Unidos tiveram uma eleição de mentira, um presidente de mentira, e uma guerra com motivos também mentirosos. Chocou porque não economizou adjetivos e estava debaixo de muitos holofotes. Fez pensar porque é uma fonte de credibilidade.

Entretanto, nada foi suficiente. Nem mesmo as passeatas em São Francisco e outras cidades. A grande massa da opinião pública americana continuou recitando seus ideais de patriotismo e acreditando que o seu país deve impor sua vontade ao mundo. Como sempre, a situação só muda quando a economia vai mal ou quando as baixas na frente de batalha começam a se avolumar. Aí, sim: cai a aprovação ao governo.

Só que, além da mídia de massa, há o poder do indivíduo e da sociedade civil, de uma maneira geral. Existe um grande poder de todos nós, em todo o mundo, que ainda não foi experimentado porque está disperso. E existe um meio de reuni-lo: através da internet.

Se digitarmos *"peace"* em www.google.com vamos encontrar mais de 16 milhões de *sites*, endereços ou citações relacionadas. Já imaginaram fazer uma passeata com muitos milhões de pessoas e organizações, superando a soma de todas que foram feitas até agora, no Brasil, na Europa e nos Estados Unidos? É possível. Bastaria que o Google e outros grandes portais concordassem em disponibilizar um selo "eu quero paz" para todos os *sites* que o quisessem. E que contasse o número de *downloads* para divulgação posterior. Os selos deveriam ser disponibilizados para *downloads* em *e-mails* também. Uma profusão de "eu quero paz" se multiplicando e viajando em velocidade eletrônica pelo mundo todo.

A internet deu ao indivíduo um poder que ele jamais teve – o acesso fácil às informações, uma tribuna para a exposição das suas próprias idéias, a interatividade com todos os seres que ele for capaz de contatar, a multiplicação da sua cultura e da sua memória. Mas a internet é como se fosse uma emissora de TV com bilhões de canais. O conteúdo está disperso. A internet ainda não nos deu o benefício da união, a força política real. O Google, o Yahoo!, Altavista e outros grandes portais poderiam prestar este serviço.

Quantas pessoas ou organizações são pela paz? Quantas querem acabar com a miséria? Quantas abominam a corrupção? Todas são campanhas perfeitamente possíveis a partir da internet.

Vejam na figura da página seguinte o exemplo de um selo que estou propondo, conforme outros propostos em www.conscius.com.br.

Os problemas e as aspirações de todas as classes sociais vão passando de boca em boca, até que tomam originalidade ou corpo suficiente para gerar notícias, ou seja, para interessar toda a sociedade. A união por uma determinada causa na internet pode ajudar bastante neste processo.

O fenômeno ocorre assim: a chamada opinião pública, principalmente numa democracia plena, vem do povo todo, que representa o mercado dos veículos de comunicação. Pressionados pelo que o mercado quer ver, os veículos pautam as suas notícias e a sua programação. Um grande movimento social, por exemplo, gera audiência. A audiência valoriza a propaganda, a propaganda e o conteúdo editorial instruem a audiência, a audiência forma opinião, a opinião gera o voto, o voto dá o poder, a opinião respalda a situação ou pressiona a mudança, a opinião é o poder.

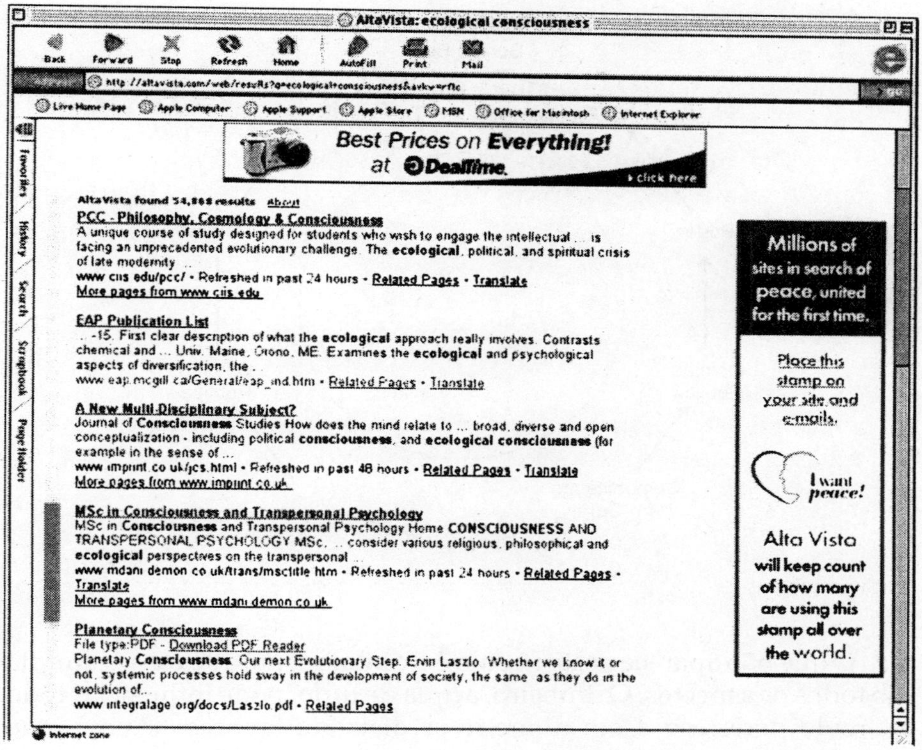

Neste particular, é de extrema importância demonstrar a nossa força àqueles que nos trazem as notícias e os costumes. No Brasil, por exemplo, onde a televisão aberta é o principal meio de comunicação, os editores de telejornais, os animadores de programas de auditório, os escritores e atores de novelas são, de longe, os mais influentes líderes de opinião. Da ética deles estamos todos dependentes. É importante encher as suas caixas de *e-mail* com o selo "eu quero paz". Mais importante ainda que eles participem.

Temos, então, um novo círculo, um círculo poderoso:

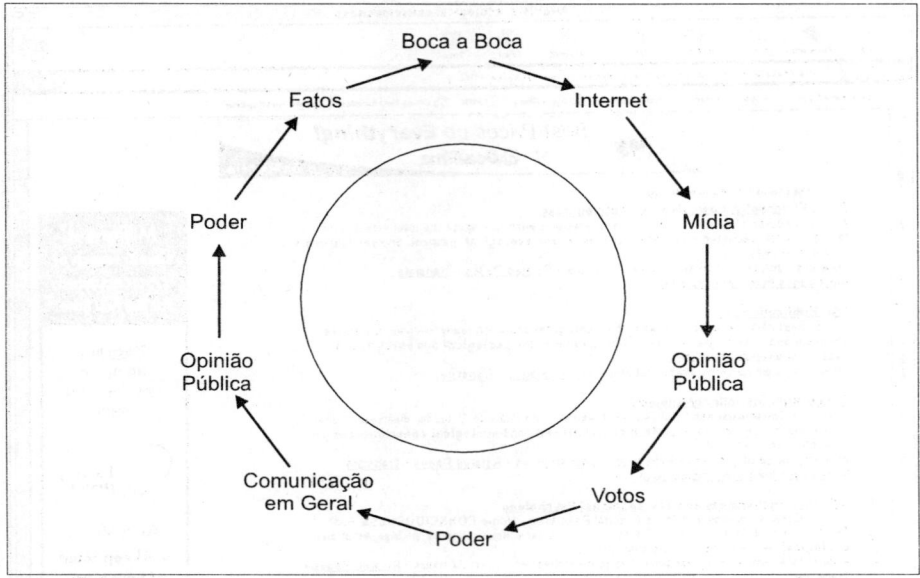

O que não aparece neste círculo é o dinheiro, porque ele se camufla sob todos os aspectos. O dinheiro, acima de tudo, pode influenciar todo o círculo poderoso. Com dinheiro se distribui favores, se consegue apoio e amigos, assim como fama na mídia, interferindo em tudo. O dinheiro é o grande vilão da democracia, inclusive.

Por isso é cada vez mais necessária a união da sociedade civil em favor das suas causas. A exemplo dos primeiros sindicatos surgidos durante a Revolução Industrial, só a nossa união poderá enfrentar o dinheiro no jogo do poder – a união dos conscientes, dos bem intencionados.

Propostas alternativas têm surgido. Nos Estados Unidos, algumas cidades estão desenvolvendo "The Wisdom Council", que é *uma estratégia para o povo criar uma verdadeira democracia*. A cada 6 meses um grupo de 16 eleitores é sorteado e vai se reunir por um dia e meio. O consenso a que eles chegarem nas questões da comunidade é levado ao povo em uma cerimônia *cooperativa, de mentes abertas e criativa*. Facilitadores atuam para um novo consenso e um Comitê de Especialistas fornece as informações necessárias. São então encorajados diálogos com todos os cidadãos e disseminados até a próxima reunião do Wisdom Council.

E todo o processo se repete. As questões são aceitas e abraçadas depois de um amplo debate e vão influenciar a vida da comunidade. A experiência pode ser usada em uma cidade, em um estado, ou mesmo em uma empresa.

É ainda incipiente, porém dirigida por entusiastas muito capazes. Posso citar Tom Atlee (www.co-intelligence.org), que procura criar uma rede de inovações em democracia, insatisfeito com os seus "representantes" no Congresso americano. Segundo ele, as duas forças que governam a si mesmas e a nós todos são o mercado livre e o sistema de eleições majoritárias. Ambos são baseados na concorrência, o que encoraja cada um dos agentes a maximizar seus interesses individuais em detrimento dos interesses gerais. Um advogado tributarista, por exemplo, compete por dinheiro com as necessidades de educação, saúde, meio ambiente e todas as outras atribuições do governo. E elas competem entre si. Mas o que se consegue não é o equilíbrio, são distorções. O Wisdom Council, por outro lado, procura criar consenso para atender os interesses gerais.

Ele é formado a partir de um sorteio para que o dinheiro não influencie a escolha dos integrantes, e funciona por consenso para que não se aceitem resoluções do tipo ganha-perde.

Fazendo um parêntesis, vejamos até que ponto podem ir as distorções do mercado livre, que o liberalismo econômico considera a tábua de salvação da humanidade: a indústria petrolífera americana, por exemplo, se enriquece com o consumo e a poluição dos ares que os americanos respiram, com reflexos mórbidos em todo o planeta. Para manter suas fontes de suprimento, financia guerras no Oriente e corrompe um punhado de sheiks, príncipes e/ou ditadores. Estes, por sua vez, mantêm uma grande parcela da população dos seus países na miséria. Então, o fanatismo religioso encontra campo fértil para prosperar e ninguém tem mais sossego em todo o mundo.

E a publicidade? Sempre acreditei que a minha profissão promovesse desenvolvimento. Em parte, é verdade. Mas também promove avidez de consumo que, além de supérfluo, causa estresse em quem não tem poder de compra e exaure os recursos do planeta desnecessariamente. É uma deformação do mercado, que vai precisar de muita consciência para ser depurada.

Voltando à democracia, aqui no Brasil, Fábio Konder Comparato preocupa-se em criar um "contrapoder popular" em defesa da ética governamental: uma federação de ONGs como instrumento de controle democrático do poder.

Do meu ponto de vista, na medida em que o dinheiro subverte a moral da democracia, alguns passos importantes precisam ser dados para minorar o problema:

1. Educação para a vida: ensinar a diferença entre o dinheiro e a felicidade.
2. Educação política para todos.
3. Mudar o local, o foco da mídia: criar uma força política internacional unindo milhões de pessoas na internet, onde o dinheiro tem menor influência do que nos meios de massa. Na internet, a informação "boca-a-boca" e a opinião pessoal têm um valor que o dinheiro não é capaz de comprar totalmente, principalmente em virtude da velocidade de transmissão. Os capitalistas não podem interromper os nossos *e-mails* e *sites*. O máximo que eles podem fazer é reagir.
4. Conforme sugere Tom Atlee, formar Conselhos Deliberativos nas comunidades, que possam influenciar as decisões dos governantes, dentro do conceito ganha-ganha.
5. Criticar as operações realizadas no Congresso e reverberar suas críticas na internet e na mídia em geral. Neste aspecto, em menor escala, há uma experiência que está obtendo bons resultados no Mato Grosso. É o Inbraco – Instituto Brasileiro de Pesquisa, Participação Social e Acompanhamento do Orçamento Público. Dentre outras ações, destaca-se a sua atuação no orçamento da prefeitura de Cuiabá, articulando diversos segmentos da sociedade e o Ministério Público com a finalidade de reverter o processo orçamentário e submetê-lo às comunidades para inclusão das suas solicitações. Muita gente não sabe, mas as prefeituras são obrigadas a fazer audiências públicas sobre os orçamentos municipais. Se a comunidade se organizar, pode contribuir e questionar.
6. Mobilizar os silenciosos, com toda a riqueza das suas diferenças, para uma efetiva participação no espaço político.

E não se esquecer daquilo que nos desestabiliza. Por exemplo, os escândalos de reportagens fraudulentas no *New York Times*. Ou os balanços fraudados pelas grandes auditorias e pelos diretores de empresas como a Enron ou a Parmalat, com a finalidade de desfalcar, forjar lucros e bônus. Aqui no Brasil também temos exemplos às centenas, talvez milhares, muitos deles nos governos, inclusive. Para citar apenas um caso, temos o Banco Nacional, que alterou balanços durante anos. E sustentou uma bela imagem, enquanto isso, fazendo vultosos investimentos publicitários na figura carismática do campeão Ayrton Senna.

Vivemos, então, diante de uma necessidade de expansão de consciência fora do comum: de um lado, a imprensa livre presta grandes serviços à sociedade, informando, educando, denunciando, discutindo os problemas. Mas assim como a polícia tem o dever de nos defender e muitas vezes nos assalta, quando os jornalistas distorcem os fatos, estão assaltando a nossa opinião e subvertendo o poder. E, com relação às empresas e governos fraudulentos, temos poucos instrumentos de defesa: ou a própria imprensa descobre e denuncia, ou a consciência de um *insider* se revela, ou fontes do poder público desconfiam e apuram os fatos. Nos três casos, a sorte precisa estar do nosso lado. Fraudes em empresas e a patifaria de alguns políticos e gestores da coisa pública costumam durar anos. Só a expansão das consciências e a maior participação popular poderiam freá-las de uma vez por todas.

A nossa liberdade depende, fundamentalmente, do nosso discernimento. O ignorante jamais será livre, sempre poderá ser manipulado, furtado, prejudicado, ofendido. Mas o esclarecido não: este tem opinião, este tem poder. Poder que se realiza com a união dos homens de boa vontade em torno das melhores causas.

Voltando à Paz

Há uma organização ligada à ONU que se preocupou em definir a paz, ou melhor, em descrever os passos que nos levam a ela – Pathways to Peace. Aqui nós vamos refletir sobre como é impossível atingir a paz se todos os países não cumprirem os mesmos requisitos, como se fosse uma carteira de habilitação. Vez por outra, tomo a liberdade de interpretar alguns ensinamentos, ao invés de simplesmente traduzi-los:

1. *Governabilidade e Lei* – respeito aos direitos humanos, igualdade entre homens e mulheres, amplas possibilidades de desenvolvimento para as crianças; obedecer as leis locais, pressupondo que essas leis foram feitas dentro de uma ética global; governos

democráticos, sem a segregação de qualquer grupo; sistemas políticos sem corrupção.

Varrer a corrupção dos governos é particularmente importante: como financiar o desenvolvimento ou entregar ajuda humanitária ao ditador Mobutu, por exemplo? Da mesma forma, que tipo de democracia pode ser praticada se a mídia é determinante nas eleições, se a compra de espaços na mídia depende de poder econômico, se este poder apóia os políticos, se os políticos se elegem devendo favores aos seus financiadores? Afinal, os políticos representam o povo ou os dominadores?

2. *Educação* – a educação, na escola ou na vida, confere poder às pessoas para agir com inteligência, boa vontade e objetivos claros. Elas interpretam melhor a realidade, são mais humanas. Com isso, se habilitam a entender o cosmos, sua relação com a humanidade e a natureza. Consequentemente, podem assimilar melhor a ética. Na sociedade do conhecimento, também a inclusão digital de todos é fundamental.

3. *Economia e Negócios* – aqui o objetivo pode parecer impossível para muitos: criar um conceito de negócios onde o principal objetivo não seja simplesmente fazer dinheiro para si próprio, mas atingir a prosperidade para a humanidade do planeta. O longo prazo é a primeira preocupação: o que vamos deixar para os nossos filhos, para as gerações futuras? O Desenvolvimento Sustentável e a Responsabilidade Social se encaixam aqui, sendo que a Responsabilidade Social deve ser ensinada por quem já fez e deve envolver ações de influência política. E há outros requisitos: harmonia no trabalho, espírito de criação e nova criatividade.

A consciência planetária requer a capacidade de ver a situação ... nas suas múltiplas dimensões. Os executivos deverão experimentar o mundo de forma diferente, como seres humanos conectados ao planeta em volta deles e não apenas como gestores profissionais.

Chris Lazlo em *The Sustainable Company: How to Create Lasting Value Through Social and Environmental Performance.*

Posso acrescentar uma preocupação quanto à ação do FMI e do Banco Mundial no balizamento da economia planetária. São eles fomentadores de desenvolvimento, financiando programas de valor e monitorando a execução das práticas econômicas dos países? Ou simplesmente trabalham pelo equilíbrio financeiro mundial, priorizando e criando condições para o pagamento das dívidas?

Por tudo que temos acompanhado – alguns fatos mencionados neste livro, inclusive – tudo indica que eles se prestam aos dois papéis. O que muitas vezes pode parecer benéfico na realidade é danoso e vice-versa.

Temos um exemplo grandioso em nossa própria casa: o Brasil segue à risca a política do FMI, produz superávit primário, acalma os mercados internacionais, controla a inflação em níveis aceitáveis, produz saldo positivo na balança comercial. Por outro lado, gera desemprego e paga juros sem cessar. Segundo informa Elio Gaspari, pagamos R$91,6 bilhões de juros reais em 2003, o equivalente a 6% do PIB. Quem nos emprestou ganhou, limpos, 12,8%. E continuamos devendo perto de US$315 bilhões, o que se traduz em novo fator de insegurança, pressionando o "risco Brasil".

O Presidente Lula discursou no exterior, reclamando que o cumprimento da cartilha que nos é imposta pelo mercado financeiro agrava a fome, a pobreza, o desemprego e a desesperança.

Parece claro que o receituário do FMI precisa mudar. E as recomendações da Pathways to Peace aqui se aplicam perfeitamente: criar um conceito de negócios onde o principal objetivo não seja simplesmente fazer dinheiro para *a banca internacional* (a alteração é minha), mas atingir a prosperidade para a humanidade do planeta.

4. *Saúde e Relacionamentos* – inter-relações harmônicas do físico, emocional, mental e da alma, relações humanas pró-ativas, livres de preconceitos e conflitos.

5. *Ciência e Tecnologia* – a ciência moderna tem evoluído muito rapidamente e modificado a nossa maneira de ver o mundo, a nossa percepção sobre a natureza dos seres humanos, das nossas instituições, da sociedade. Tem construído riquezas, inclusive. Ela é muito importante para o trabalho de construir culturas de paz para as crianças e as futuras gerações. Leis morais uni-

versais, que harmonizam a natureza, não poderão ser subvertidas pelas experiências científicas.

6. *Espiritualidade e Religião* – as religiões nos unem em fraternidade de respeito mútuo. A honra e o respeito devem prevalecer para as santidades de cada indivíduo e sua relação com Deus. Passos comuns entre as diversas religiões devem promover a compreensão global: *que a paz possa prevalecer na Terra.*

7. *Meio Ambiente e Habitação* – a idéia é conseguir distribuir a população do globo mais equitativamente, vivendo em moradias mais naturais, assim como os polinésios, por exemplo. O estresse das grandes cidades teria fim e o trabalho, em grande parte, poderia ser virtual. Soa como utopia. Mas a principal idéia é que educar as crianças sobre o meio ambiente é de importância primordial para criar harmonia no planeta; todo crescimento deveria ser sustentável, em sintonia com as leis da natureza, assim como devemos abraçar uma simplicidade voluntária. Precisamos de novas formas de energia. Temos que melhorar a vida dos que vivem na pobreza e reverter a continuada degradação do meio ambiente global. Está previsto que 2 bilhões de pessoas viverão em favelas em 2030. Inadmissível ou realidade?

8. *Cultura* – a criatividade positiva é a qualidade fundamental do espírito humano. E todos os criativos devem ser incentivados a construir a paz. Artes e música precisam ser criadas para inspirar altos níveis de emoção e pensamento, no lugar de estimular a luxúria, a raiva, a irritabilidade, o medo e a perversidade. Criar uma cultura de paz, esta é a grande meta!

Está se formando o Capital Moral... ou deveria.

Capítulo 2

A Ecologia Só Seria Viável Se Passasse a Dar Lucros

Capítulo escrito com Daniela Diniz de Camargo Neves

"A ecologia só será viável se passar a dar lucros". Quem afirmou foi Peter Drucker, e quando eu li pela primeira vez, confesso que fiquei chocado. De fato, é impressionante a força do lucro no mundo em que vivemos, mas não bastaria a compreensão do problema ecológico para se chegar às soluções necessárias?

As preocupações ecológicas existiram desde o momento em que o homem passou a perceber que, ao forçar o domínio da natureza, estava causando males a si próprio. Elas surgiram não necessariamente nos mesmos lugares, nas mesmas épocas, e parece que alguns não sentem esses males até hoje. O pescador pode sofrer com a perda dos peixes naquele rio que ele adora, mas para o dominador da fábrica poluente é preciso haver leis.

Peter Drucker estava certo. Passaram-se algumas décadas até que a poluição ou a possibilidade de lucros através da conservação ambiental afetasse o bolso de alguns para que a ecologia fosse levada a sério. Sua afirmativa se coadunava com o pensamento ocidental, que equipara a geração de riquezas com a melhoria da qualidade de vida. E é esta a mentalidade que ainda prevalece, subvertendo o conceito de sustentável, que pode ser definido como ecologicamente prudente, economicamente viável e socialmente justo, a curto, médio e longo prazo.

No mundo capitalista, o lucro é a grande mola mestra de todo o sistema e, sem o apelo ao lucro, dificilmente as intenções são bem sucedidas de imediato.

Vamos, então, dar valor ao patrimônio da humanidade, mas vamos considerar a humanidade como um todo!

Ecologia x Economia

> Todo cidadão tem direito ao meio ambiente ecologicamente equilibrado, bem de uso comum do povo e essencial à sadia qualidade de vida, impondo-se ao poder público e à coletividade o dever de defendê-lo e preservá-lo para as presentes e futuras gerações.
>
> Constituição Brasileira de 1988, artigo 225.

Segundo Eugene Odum, *a ecologia é o estudo do "lugar onde se vive", considerando as inter-relações entre os organismos e seu meio ambiente, sem desconsiderar a humanidade como parte da natureza.*

Por outro lado, *a palavra "economia" também deriva da raiz grega oikos. Já que nomia significa "manejo, gerenciamento", a economia traduz-se como "o manejo da casa".* Percebe-se claramente que ecologia e economia estão extremamente relacionadas, embora possam parecer distantes para alguns.

Surge então um novo conceito: "ecnologia", que combina princípios da economia, sociologia e ecologia. Este termo tem sido defendido por ambientalistas como a forma de viabilizar o desenvolvimento sustentado e seu conceito prevê a "reinvenção da economia" principalmente com a adoção de energia renovável.

Durante toda a história, o homem ocidental utilizou os recursos que provinham da natureza com a falsa idéia de serem ilimitados. Na verdade, ele nunca se sentiu parte integrante da natureza, numa relação de interdependência. Ao contrário, agiu sempre como um senhor, dono de um bem, do qual podia dispor como quisesse, sem refletir sobre as conseqüências que isto poderia causar a ele mesmo e aos demais.

Essa postura imediatista era uma característica intrínseca do ser humano. A cultura e a religião sempre influenciaram seu pensamento. A falsa idéia de domínio do mundo pelo homem, já que ele seria o único criado à imagem e semelhança de Deus, vinha da nossa herança judaico-cristã. Mas não apenas dela. No início da era moderna, diferentemente de Sócrates, que igualara o conhecimento à virtude, Francis Bacon equiparava o conhecimento ao poder. Segundo ele, o homem fora criado por Deus para interpretar e dominar a natureza.

Além de parte integrante da natureza, uma noção relativamente recente no pensamento ocidental, o homem é também um ser social e detentor de conhecimentos e valores socialmente produzidos ao longo do processo histórico. Conseqüentemente, ele tem o poder de atuar permanentemente sobre sua base natural de sustentação (material e espiritual), alterando suas propriedades; e sobre o meio social, provocando modificações em sua dinâmica. Portanto, são as práticas do meio social que determinam a natureza dos problemas ambientais e essas alterações é que acabaram por gerar o conceito de ecologia, no qual o homem não passa de um componente do ecossistema planetário.

É nesse contexto que surge a necessidade do homem aprender maneiras alternativas para a preservação e uso equilibrado da natureza, ou seja, surge a necessidade de se praticar a gestão ambiental.

Algumas ONGs, como o GreenPeace, criado em 1971, chamaram a atenção da mídia para determinados problemas ecológicos de forma contundente. Empresas enxergaram naqueles movimentos certas oportunidades de marketing, lançando produtos ou campanhas com apelos tomados à ecologia. As discussões acadêmicas se avolumaram, os políticos se movimentaram, a consciência alimentou a mídia, que alimentou a consciência, e assim por diante...

Rapidamente, a ecologia estava valendo muito dinheiro. Surgiram o ISO 14000 e o ISO 14001, certificações que visam melhor gerenciar o sistema de controle do meio ambiental, criar processos de fabricação ou exploração que encontrem formas de economizar recursos, monitorar o que entra e sai do sistema de produção, realizar negócios com bom senso. Quem consegue as certificações adquire vantagens competitivas. E as notícias e declarações são fartas em demonstrar esta nova riqueza, o patrimônio ecológico, antes tão desprezado. Demonstram também, muitas vezes, a sua perda:

- *Na Grã-Bretanha, não basta ter qualidade e preço para atender ao gosto dos consumidores. É preciso também que o produto ofertado tenha baixo impacto ambiental na produção.* – Revista *Exportar e Gerência*.

- *O meio ambiente será o princípio organizador central do século 21.* – Al Gore, para a revista *NewsWeek*.
- *O Brasil ocupa o décimo lugar na lista dos maiores emissores de CO_2, bem atrás de países industrializados.* O Brasil emite 287 milhões de toneladas/ano, enquanto os Estados Unidos emitem 5,2 bilhões – Revista *Veja*.
- *O Brasil já é considerado potência ecológica. Foi colocado no topo do ranking recém-criado do B-17, o grupo formado pelos países com maiores riquezas naturais e, portanto, mais aparelhados para absorver o CO_2 do planeta. Ou seja, somos cobiçados purificadores de ar e poderemos vender esta tecnologia... Cálculos preliminares do uso da área plantada de cana-de-açúcar revelaram, por exemplo, que poderíamos faturar cerca de US$7,5 bilhões recorrendo a esse manancial para transformar gases nocivos em oxigênio.* – Revista *Isto É Dinheiro*.
- *O Brasil deve receber crédito de indústrias de outros países, no sentido de incrementar as florestas e recursos naturais. Trata-se de um mercado multibilionário para quem tem essa capacidade.* – *The Wall Street Journal*.
- *Poluição faz dinheiro virar fumaça. Prejuízo causado por danos ao meio ambiente é 2,5 vezes mais alto do que o custo de prevenir.* – *O Globo*.
- *As 376 áreas protegidas pelo Sistema Nacional de Parques dos EUA recebem, por ano, mais de 270 milhões de visitantes, que geram receita de 10 bilhões de dólares e 200 mil empregos.* – Garo Batmanian, diretor do World Wildlife Fund.
- *O Brasil possui 10% da biodiversidade mundial. A Shaman Pharmaceuticals, da Califórnia, já catalogou 7 mil plantas da Amazônia e patenteou 2 medicamentos para atender um mercado de 20 milhões de consumidores. Está em curso a biopirataria.* – Idem.
- *O Brasil já forneceu 8% da madeira tropical consumida no mundo, quase toda ela extraída de forma predatória. Pressionados por consumidores mais conscientes, os importadores estão exigindo os selos verdes – certificados que comprovam a exploração sustentada da madeira.* – Idem.

E os cientistas do Instituto de Economia Ecológica da Universidade de Maryland, nos EUA, concluíram que os 16 grandes ecossistemas terrestres (florestas tropicais, oceanos, estuários e áreas de mangue) valem em torno de US$33 trilhões.

Mas, apesar de todos os progressos de consciência, legislação e geração de boas imagens para empresas e governos, além de lucros, o meio ambiente ainda está sendo muito mal tratado, aí incluído o ser humano. Das resoluções da Eco-92 para cá, pouco se avançou. Para citar o exemplo mais gritante, os Estados Unidos se recusaram a assinar o Protocolo de Kyoto, que prevê a redução dos gases atmosféricos, porque preferem defender os interesses das suas indústrias poluentes.

Do lado de cá, o Brasil, segundo a ONU, terá 260 milhões de habitantes em 2050, e ainda ocupa posição vergonhosa em desenvolvimento humano. Nas suas riquezas naturais mais evidentes – florestas, água, biodiversidade – poderá estar uma parcela considerável da sua sustentabilidade, desde que tenhamos a educação suficiente para preservar esses recursos com inteligência, e consciência para distribuir seus frutos de forma solidária.

Toda e qualquer política ambiental desenvolvida neste ou em qualquer outro país deve levar em consideração que existe uma extrema relação de interdependência entre o ser social e os outros atores da natureza, como o ar, energia, solos, minerais, animais e vegetais. Deve, portanto, visar o aumento da eficiência do sistema integral para o meio ambiente humano em questão, com o fim de melhorar a qualidade e quantidade de vida, tanto a curto como a longo prazo.

E novamente entra em cena a consciência da sociedade, ou a falta dela. Neste planeta, um bilhão de pessoas vivem sem água e mais de 2 bilhões sem esgoto. A fome é latente em todos os países pobres ou em desenvolvimento. Já estão nascendo miseráveis até nos países ricos. Entretanto, temos tecnologia disponível para alimentar a população do mundo todo. Aqui mesmo, no Brasil, um quarto da comida vai para o lixo, segundo a ONU. O egoísmo em que vivemos, no esquecimento de que somos seres globais, gera disparidades inadmissíveis.

Relatório do Pentágono a que teve acesso *The Observer*, da Inglaterra, revela que as mudanças do clima, nos próximos 20 anos, resultarão numa catástrofe global, custando milhões de vidas em guerras e desastres naturais. O governo Bush, naturalmente, disse que era uma especulação alarmista, mas o estudo veio de lá. E não só de lá: *"How we can save the planet"*, de Mayer Hillman e Tina Fawcett, é taxativo neste aspecto: *The World Health Organization* atribui às mudanças climáticas pelo menos 160.000 mortes no Terceiro Mundo em 2003. Os autores concluem que precisamos ir muito além do Protocolo de Kyoto. As emissões de dióxido de carbono devem ser reduzidas progressivamente, baseadas em que a média de emissões por pessoa nas diferentes partes do mundo deverão convergir para o mesmo nível. E não adianta aguardar as infindáveis negociações dos *"players"* internacionais: há que se estabelecer o nível máximo de dióxido de carbono que pode ser lançado na atmosfera e em que dia as emissões per capita devem convergir para este nível. O assunto é da máxima urgência.

Água

> A água é necessária em todos os aspectos da vida. O objetivo geral é assegurar que se mantenha uma oferta adequada de água de boa qualidade para toda a população do planeta, ao mesmo tempo em que se preserve as funções hidrológicas, biológicas e químicas dos ecossistemas, adaptando as atividades humanas aos limites da capacidade da natureza e combatendo vetores de moléstias relacionadas com a água.
>
> Agenda 21, elaborada durante a Conferência Mundial das Nações Unidas sobre Meio Ambiente (Eco-92).

A água sempre foi vista como abundante e infinita e *por ela não se pode cobrar*, foi como eu aprendi no Catecismo. *Dê água a quem tem sede* – certo, muito certo. Só não podemos nos esquecer de *todos* que têm sede.

Setenta e cinco por cento da superfície do planeta é de água, sem contar com a que existe infiltrada no solo, contornando rochas, cavernas, formando poços, lençóis e aqüíferos. No entanto, 97% desta água é salgada, está nos oceanos. Os outros 3% são de água doce, mas grande parte encontra-se em geleiras, icebergs e subsolos muito profundos. Portanto, sobra muito pouco para o uso dos habitantes.

O problema se agrava ainda mais se pensarmos que a disponibilidade de água é limitada e a população do mundo continua crescendo. Além disso, a distribuição de água pelos países do nosso planeta não é feita de maneira proporcional ou equilibrada. Pelo menos 26 países encontram-se em fase de penúria. Outros 20 países já estão no período de alerta. Com mais de 1 bilhão de pessoas bebendo água sem segurança, milhões de pessoas, em sua maioria crianças, morrendo todo dia com doenças relacionadas a água e 40% da humanidade sem saneamento adequado, o panorama merece especial atenção.

O fato é que o ser humano raras vezes se preocupou em economizá-la, já que existia a falsa idéia de ser um recurso infinito. Essa noção ainda perdura e a cultura do desperdício é presente em diversos setores. Aqui no Brasil, o IBGE afirma que desperdiçamos até 40% da água tratada e que perto da metade dos municípios brasileiros não tem serviço de esgoto.

Estima-se que 65% do consumo de água no mundo seja para o setor rural, sendo a maioria para os sistemas de irrigação esbanjadores e arcaicos. A indústria é responsável pelo consumo de 25% do total mundial e, de uma forma geral, não tem se preocupado em investir em programas de reutilização da água, devolvendo aos rios o recurso utilizado sem tratamento, em forma de efluentes e esgotos. E os 10% restantes são de uso doméstico, esbanjados nas diversas atividades do uso diário.

Além disso, o homem derrubou a cobertura vegetal e impermeabilizou o solo com asfaltos. Com isso, aumentou a erosão e o assoreamento dos rios, provocou um aumento da torrencialidade dos cursos d'água e gerou enchentes, além de reduzir as vazões nos períodos secos. Tudo isso associado à poluição, ao desperdício, ao consumo cada vez maior e, principalmente, à falta de políticas públicas que estimulem o uso sustentável, a educação ambiental e a participação da sociedade.

A escassez de água no mundo é agravada em virtude da desigualdade social. A pobreza e a desinformação decorrente agravam o consumo dos recursos de forma inadequada e provocam mais poluição.

De acordo com números apresentados pela ONU, fica claro que o controle do uso da água significa deter poder. Desta forma, a água é um bem de valor econômico, na medida em que é essencial à maioria das atividades humanas. Não é exagero afirmar, portanto, que o uso sustentável da água, a ser alcançado por meio de um gerenciamento integrado, participativo e descentralizado, é fator condicionante para o desenvolvimento das nações.

A Agenda 21 preconiza que é fundamental a participação efetiva de toda sociedade na gestão dos recursos hídricos. Evidencia a participação dos cidadãos como pré-requisito fundamental para alcançar o desenvolvimento sustentável e prevê mecanismos para isso. Destaca que a sociedade, os governos e os organismos internacionais devem criar meios para que as ONGs sejam parceiras no desenvolvimento sustentável.

Quanto ao Brasil, sabe-se que é um dos países mais ricos do planeta em recursos hídricos: detém sozinho 13% do total de reservas mundiais de água potável e imensas reservas debaixo da terra, os aqüíferos, onde dormem muitos bilhões de metros cúbicos. No entanto, sofremos pela má distribuição da população. Cerca de setenta por cento da nossa água se encontra na Região Norte, onde vive apenas 7% da população do país. O restante encontram-se irregularmente distribuído para atender a 93% da população brasileira.

Como se não bastasse, o brasileiro é um dos que mais desperdiça água em todo o planeta. Nos centros urbanos, a água é desperdiçada no uso doméstico, em tubulações velhas, vazamentos e desvios clandestinos. Há alguns anos atrás, a própria Sabesp, em São Paulo, declarava que perdia 45% da água que pretendia distribuir devido a vazamentos da sua própria rede. E ainda sofremos com a falta de saneamento básico, que afeta grande parte da população brasileira.

Outro mal de grandes proporções tem sido recorrente em todo o planeta e em nosso país, em particular: os acidentes ecológicos de grandes proporções, que poluem mares e rios de forma contundente, trazendo grandes prejuízos para os ecossistemas, aí incluídas as populações dependentes. Tivemos a Exxon, no Alaska, a Petrobras, em várias situações, os vazamentos constantes dos navios fundeados na Baía de Guanabara, a fábrica de pasta de papel Cataguazes – são crimes que precisam receber tratamento mais que exemplar, para que todos que usam a água, de alguma maneira, saibam que estão sujeitos a iguais penalidades.

De tudo que foi dito até agora e da observação sobre a mentalidade das pessoas, salta aos olhos o seguinte: o ser humano (ou o brasileiro dos nossos dias) é um otimista alienado – ele acha que Deus vai lhe dar a água por toda a vida e que a distribuição é de responsabilidade do Governo (*O Governo é que cuida dessas coisas, isto não é problema meu*). Poucas vezes lhe passa pela cabeça escolher o lugar certo para a sua fábrica, planejar o lançamento dos seus esgotos, fazer turismo ou lazer sem prejudicar as lagoas, usar a água com racionalidade.

Enquanto isso, o Governo, *que deveria cuidar dessas coisas*, proporciona, segundo o WWF, o seguinte quadro:

– apenas 49% dos domicílios brasileiros tem coleta de esgotos;
– mais de 40 milhões de pessoas não têm acesso a água potável;

– 70% das nossas internações hospitalares são provocadas por doenças transmitidas por água contaminada, o que gera um gasto adicional de US$2 bilhões por ano ao SUS.

A vida se interrelaciona de muitas maneiras. Cientistas da ONU estão alertando que já temos aproximadamente 150 "zonas mortas" nos oceanos – alguma coisa como 70.000 km^2, onde não existe oxigênio nem peixes. O fenômeno é causado por excesso de nutrientes, principalmente nitrogênio, devido ao uso indiscriminado de fertilizantes agrícolas, emissões de veículos e fábricas e lixo humano. Esses nutrientes caem nos oceanos e geram algas microscópicas, que morrem, consomem oxigênio e sufocam a vida marinha.

É bom que se lembre: pode ser que um dia, num futuro distante, possamos inventar uma sociedade sem necessidade de lucro, sem dinheiro. Mas sem água não poderemos.

Biodiversidade

Pergunta-se quanto vale a biodiversidade, a quem ela pertence e como utilizá-la em benefício da população, sem destruir esse enorme potencial econômico. Mas as respostas que hoje existem ainda devem ser amadurecidas.

O Brasil está no centro das atenções. Afinal, ele é o líder do ranking dos países mais ricos em biodiversidade do mundo, detendo mais de 20% do total de espécies do planeta. Só na Amazônia existem pelo menos 20 mil espécies de plantas endêmicas. Também são endêmicas do Brasil várias espécies de mamíferos, aves, répteis e anfíbios. Diversas plantas de importância econômica mundial são originárias do Brasil, destacando-se o abacaxi, o amendoim, a castanha-do-pará, a mandioca, o caju e a carnaúba. Além disso, também abrigamos o maior número de primatas, anfíbios e animais vertebrados do mundo.

Segundo dados do IPEA, a riqueza potencial da diversidade biológica e mineral contida em nossas matas é de 4 trilhões de dólares. Por outro lado, existem dados da Polícia Federal indicando que a biopirataria movimenta por ano cerca de 5 bilhões de dólares em todo o mundo.

Está claro o enorme potencial da biodiversidade para se tornar extremamente lucrativa para o país. Mas não podemos pensar na biodiversidade apenas pelo seu valor econômico, já que ela também traz consigo outros valores – éticos, sociais, culturais e políticos. E é nesse contexto que podemos afirmar que não há como explorar mata ou floresta sem considerar o conhecimento adquirido ao longo dos anos pelas populações locais e indígenas, que muito têm a nos ensinar. Aliás, a palavra certa não é exploração, é manejo.

A destruição e a perda da diversidade biológica foi um dos maiores problemas ambientais detectados no século XX e constitui-se um dos grandes desafios deste milênio.

Só entre agosto de 2001 e agosto de 2002, mais de 25 mil km² de mata da Amazônia foram devastados, 40% a mais que no ano anterior, segundo dados do INPE – Instituto Nacional de Pesquisas Espaciais.

A falha maior é, sem dúvida, da legislação. A Amazônia Legal tem mais de 5 milhões de km² e 4 milhões de km² de floresta tropical, estando incluída em nove estados da federação. Até 2003, 16,3% da floresta já haviam sido desmatados. A floresta tem perdido suas riquezas em função de populações ali assentadas, atividades agropecuárias extensivas, atividades madeireiras e pelo uso continuado do fogo como preparação do solo para agricultura e pastagens. E o fogo não mata apenas a floresta, mata também o ar que respiramos. Alega-se que as populações locais precisam viver e, consequentemente, desmatar, mas o certo é que o retorno social é baixíssimo. Mesmo assim, o desmatamento é entendido como um problema social e econômico, mais do que ambiental, miopia mais do que grosseira. Estudos do Banco Mundial demonstram que 80% da renda da população mais pobre da Amazônia são originários dos recursos naturais. E que a pecuária é responsável por 75% das áreas desmatadas. Mas enquanto um fazendeiro gasta US$75 para implementar cada hectare, o país perde US$100 com o estrago que ele faz.

O maior absurdo desta história é que o próprio Governo concede autorizações de desmatamento e queimadas, através do Ibama. O Ministério do Meio Ambiente criou, com orgulho, o Sistema de Licenciamento Ambiental em Propriedade Rural. Assim, cada proprietário pode requerer licenças para queimar até 20% das suas propriedades. E o desmatamento ilegal pode elevar este percentual a 40%. O governo se esforça, na região conhecida como Arco do Desflorestamento (Mato Grosso, Rondônia, Piauí, Maranhão, Pará e Tocantins) para não ultrapassar os 20%. Ali está a expansão da fronteira agrícola (ou pecuária), onde se comem as florestas pelas bordas. Se depender da bancada ruralista no Congresso, eles desmatam ou queimam 50%.

Quer saber mais e ficar um pouco mais alarmado com o que está sendo feito? O maior estudo sobre ecossistemas tropicais realizado no mundo – LBA – envolvendo 100 instituições internacionais, concluiu que se o desmatamento da Amazônia continuar no ritmo atual algumas regiões da floresta tropical podem se tornar uma árida savana.

Alguns poderão pensar que a Amazônia deverá ficar intocada, como se fosse um santuário. Não é isso. A palavra-chave é manejo. Os ecossistemas podem ser manejados corretamente, promovendo desenvolvimento humano sem prejuízo para a natureza. Quem afirma é Stephan Schmidheiny, criador do Conselho Empresarial Mundial Para o Desenvolvimento Sustentável: *Muitos estudos mostram que os gastos em manejo ambiental tornam as empresas e os países mais produtivos, não menos.*

Mas também a palavra manejo está começando a ficar perigosa. A expressão que se validou foi *manejo florestal sustentável*. Para qualquer leigo entender, em termos de mato, o que você tira você replanta; em termos de bicho, você não mata, você estuda; em termos de gente, você aproveita o ensinamento das populações que sempre viveram na floresta e ensina aos novos como viver lá, em harmonia com a natureza, manejando apenas o que a própria natureza repõe. Porém, o Ministério do Meio Ambiente chegou a autorizar a exploração do mogno, madeira de lei ambicionada em todo o planeta. Poderão abrir uma cratera na floresta amazônica de fazer inveja a qualquer vulcão já existente no mundo.

O Brasil não se corrige: no cerrado a lei permite queimar até 35% das propriedades. Por outro lado, entre 1990 e 1995, a Mata Atlântica sofreu uma devastação de cerca de 500 mil hectares.

Se lembrarmos que o desmatamento leva a alterações climáticas, secas, inundações-relâmpagos, deslizamentos e erosão do solo, veremos que o custo é alto demais, já que resulta em sofrimento humano hoje e amanhã, além de perdas econômicas muitas vezes irreparáveis.

A educação ambiental é o foco primordial das ações de preservação do nosso meio e as administrações federal e estaduais devem ser chamadas à responsabilidade que lhes cabe.

Empresas privadas de vários setores também estão começando a se preocupar com que suas atividades de exploração do meio ambiente, além do retorno financeiro, garantam impactos ambientais menores, melhoria da qualidade de vida e, principalmente, um melhor aproveitamento dos recursos naturais.

Um incentivador para a organização de um sistema de gestão ambiental competente tem sido a implementação da ISO 14001, certificação que destaca organizações com responsabilidade ética com relação ao meio ambiente. É excelente, mas de aplicação reduzida até o momento.

Como alternativa, indústrias, principalmente do setor de papel e celulose e também do setor de plástico e latas, têm lançado mão da reciclagem, e o principal motivo, além da preservação ambiental, é o início de um filão econômico. O mercado de reciclagem do Brasil movimenta um volume aproximado de R$150 milhões em compras e vendas. É um início, coisa ainda pífia, perto das nossas necessidades. Para calcular como é pouco, não é preciso nenhuma HP. Basta visitar um lixão.

Outras Fontes de Riqueza: Biotecnologia, Engenharia Genética, Transgênicos, Clonagem

Esse foi o século da física e da química, mas o próximo será, sem dúvida, da biologia.
Robert F. Curl, Prêmio Nobel de Química de 1996.

Essas pesquisas estão na ordem do dia e, com certeza, vão levar muita gente a lucros consideráveis. Mas até onde nos levarão? Transformações exdrúxulas ou melhoria de vida?

No decorrer deste livro, vamos abordar a questão das patentes, da legitimidade delas. Para a reflexão de agora, vamos lembrar apenas que a Monsanto quer receber US$25 por tonelada de soja transgênica colhida, do tipo Roundup Ready, "de sua propriedade", a título de *royalties*. Roundup Ready é uma soja geneticamente modificada para ser resistente ao herbicida Roundup, ou glifosato, também produzido pela Monsanto.

Em outras palavras, você se apropria de um alimento que a natureza lhe dá, promove uma modificação genética cuja responsabilidade é duvidosa, obtém ganhos de produtividade imediata, vende uma quantidade maior de herbicida, gera ainda mais lucros, registra a modificação como exclusividade sua e cobra *royalties* de toda a humanidade que desejar o pretenso benefício.

Simples, não? Quanto à responsabilidade dessa gente, ninguém sabe, ninguém viu. Se daqui a pouco, ou daqui a dez ou mais anos os transgênicos nos causarem um grande mal, ainda desconhecido, quem vai pagar a conta?

Parêntesis I: A Ética Nunca Foi Tão Necessária

O objetivo da ética pode ser definido como a busca do bem comum nas relações políticas, econômicas e sociais. O problema é que ela é dinâmica. A ética dos neonazistas é, com toda certeza, diferente daquela que praticam os taoístas. Por falta de conhecimento, inclusive, Aristóteles colocou a natureza a serviço do homem, para citar apenas uma das discrepâncias que podem ocorrer.

Qual será a nossa ética, ou melhor, qual será a ética que precisamos? Em outras palavras, que nível de consciência necessitamos atingir para praticar a ética do nosso tempo – a ética universal?

Como conciliar o bem comum com a competição nos negócios, sejam locais ou entre nações? Como conviver com práticas como a clonagem de seres ou o cultivo de alimentos transgênicos, fomentados por direitos de patentes monopolistas? E o que dizer da invenção de novas formas de vida? Quais deveriam ser os limites da nossa atuação?

As pessoas se estressam à procura da inovação, à procura de novas formas de atender o mercado e ganhar dinheiro, mais e mais depressa. E muito freqüentemente não produzem bem nem para os outros nem para elas mesmas.

> *Este paradoxo, o fato de encontrarmos com tanta frequência sofrimento interior, psicológico ou emocional, em meio à riqueza material – é algo que logo se percebe em grande parte do Ocidente.*
> Dalai Lama, em Uma Ética para o Novo Milênio

O primeiro ponto da nova consciência tem que vir daí. Acumular não traz felicidade. Os valores morais estão subvertidos. Egoísmo, ambição e vaidade são péssimos conselheiros. A humanidade está confundindo riqueza com bem-estar, está confundindo o bem-estar com a capacidade de consumo. Ter sucesso não é vencer desafios. Ter sucesso é ser feliz. É gostar daquilo que se é e daquilo que se pode ter, mesmo que se esteja trabalhando por uma condição maior ou melhor. Ter sucesso é saber praticar afeição pelo próximo, é sentir Amor.

Além de todas as virtudes conhecidas para o aprimoramento individual e social, há uma postura fundamental para a raça humana, que é a harmonia, aqui entendida do ponto de vista da razão e do coração. O universo, em toda a sua diversidade de formas e processos, é perfeitamente harmônico. Consequentemente, tudo que fere esta harmonia é ruim. Poderíamos estar mais evoluídos, é verdade, talvez um pouco mais distantes do equilíbrio da cadeia alimentar dos animais, mas a harmonia continuaria a ser o princípio organizador, desde o cosmos até os nossos lares. Clonagem de seres? Alimentos transgênicos? Novas formas de vida? Analise, senhor cientista: eles quebram, de alguma maneira, a harmonia da vida, do meio-ambiente, do planeta? Então, por favor, deixe a curiosidade, a vaidade e a ganância de lado: não faça!

As novas questões que nos propõem a tecnologia e a ciência são por demais insólitas e complexas, assim como as questões do desenvolvimento e da exclusão social. Precisamos de uma ética que simplifique o seu julgamento. A palavra-chave é harmonia. Só a harmonia, considerada do ponto de vista holístico, pode nos trazer o bem comum em todas as relações da atividade humana.

A afirmação vale também para a política. O inglês R. A. Butler costumava dizer que política é a arte do possível. Provavelmente porque não é uma atividade unilateral. Precisa contemplar o interesse de muitos. O presidente Luiz Inácio Lula da Silva, na sua maneira popular de ser e se expressar, disse mais ou menos a mesma coisa, quando foi eleito e demorava a compor o seu ministério: *Em política, dois e dois não são quatro*. E o importante pensador Norberto Bobbio observa a política e a moral como sistemas éticos contrapostos.

Não há como concordar com essas colocações, a menos que se lhes dê o desconto do momento. Quando a nossa consciência de fato se expandir, não haverá como colocar a política e a moral em lados opostos. Bem comum é um só, e política diz respeito à sociedade como um todo. Os interesses espúrios da política terão que se curvar à ética, à harmonia necessária para todos.

Até aqui, temos uma introdução, apenas. Para se atingir a ética temos que discutir, antes de mais nada, o valor do dinheiro. Se Nelson Rodrigues colocou na fala de um pai de família que *dinheiro compra até amor verdadeiro* e aquela afirmação soou tão pertinente na situação que era retratada, se o dinheiro, como já vimos, corrompe todo o círculo poderoso da sociedade, se os jornais diários estão repletos de escândalos e crimes os mais diversos – tudo quase que invariavelmente ligado ao dinheiro e ao poder que ele confere às pessoas, então o dinheiro é realmente o instrumento que mais corrompe a consciência de todos nós.

Já vimos que a posse do dinheiro não elimina o sofrimento interior, psicológico ou emocional. Então, por que ele é tão ambicionado, tão perseguido? Segurança, poder de consumo, domínio, sexo, falsas alegrias, lazer, vaidade, "sucesso", o que mais?

Podemos enumerar várias coisas que o dinheiro proporciona, mas são coisas. Amor verdadeiro não se encontra numa família como aquela que Nelson Rodrigues criou. Aquela era uma história de perdas, de infelicidade.

O ser humano vem à vida para ser feliz. Ou melhor, ele joga com esta possibilidade. Nem probabilidade é, pois não sabemos nem ao menos se aquele bebê vai ter chance de ver satisfeitas as suas necessidades básicas. Se não vai, ele foi condenado pela própria sociedade. Foi condenado por aqueles que estão lutando para ser felizes lá do outro lado, com melhores meios e olhos fechados.

Então, um pobre não pode ser feliz? Claro que pode. Muitas vezes ele atinge a felicidade muito antes que um morador da 5ª Avenida. Mas o básico ele precisa ter, a começar pela comida. Como ser feliz, se você não consegue alimentar sua família, constantemente adoecida?

Eu conheci um velhinho que era pintor de paredes. A esposa era lavadeira. Eles eram sábios em seu modo de vida, eram dignos. E eram muito felizes. Mas eles tinham o mínimo necessário: um barracão que ele próprio construiu, algumas árvores frutíferas, algumas plantas, uma pequena horta e um galinheiro. O amor e o trabalho que para eles era gratificante lhes davam o restante: saúde.

Vivendo assim, fizeram muitos amigos. Nunca faltou trabalho nem o dinheiro para comprar o necessário. A vida deles não conheceu competição, nem correrias contra o tempo, nem ambição, nem usura, nem excesso de tarefas, nem estresse.

Será que não estamos falando de "Capitalismo Sustentável"? A vida urbana de hoje veio se desenvolvendo desde a Revolução Industrial, quando tivemos os primeiros registros da atual "sociedade de consumo". E foi subvertendo os valores das pessoas. Criou ostentações desnecessárias, sofisticações supérfluas, egoísmos exacerbados, ganância, ansiedade, doenças.

O dinheiro, que seria apenas um instrumento de troca, transformou-se na materialização de tudo isso. A competição está entranhada em nós. Começa na escola: tem vestibulinho, depois vestibular, mestrado, MBA, uma profusão de marcas de ensino onde não sabemos bem se o que se aprende é o que se precisa ou se o que se precisa é apenas de mais um título.

E esta competição insana alimenta o marketing e vice-versa. Na hora em que os mais aptos querem tirar de cena os menos aptos para ganhar mais dinheiro, posições, poder, aí então toda a ética é subvertida. Onde está o bem comum?

E para cada indivíduo que participa deste jogo, onde está a calma, a serenidade nos negócios, os mais puros sentimentos? Onde está a consciência limpa, o prazer de trabalhar, de criar, de produzir? Onde está a tranqüilidade de ver o mercado funcionar naturalmente, cada um respeitando o seu espaço, bem como os seus clientes, fornecedores e parceiros?

Para muitos pode parecer utopia, mas é assim mesmo que as grandes mudanças acontecem. Os desgastes ao meio ambiente causam tantos prejuízos que, na medida em que são sentidos, criam-se mecanismos para que a preservação dê lucros, e não o contrário. A saúde vai ficando tão cara que, aos poucos, vão percebendo que é necessário transformar a nossa medicina em preventiva. Da maneira como as coisas estão evoluindo, os governos não conseguem mais oferecer serviços decentes, a classe média não consegue mais pagar os planos suplementares, todo o sistema está ficando inviável.

A competição desenfreada nos negócios segue o mesmo caminho: tantas desigualdades são criadas, tanto estresse é gerado, inclusive para os "ganhadores", que vai chegar um dia em que alguém vai acordar e dizer: *Chega! Vamos reinventar o sistema, vamos reescrever os livros de marketing!* Como? É simples: a prosperidade precisa ser do planeta, não dos indivíduos uns contra os outros, nem das empresas umas contra as outras, muito menos dos países uns contra os outros. Se o marketing almeja conquistar e manter clientes, que seja encarado como um todo, que seja o marketing da humanidade. Conquistar clientes será o ato de transformar todos os miseráveis em consumidores. Manter clientes será dar sustentabilidade ao processo.

A consciência ética baseada na harmonia e no bem comum tem a ver com tudo isso. Ela é uma semente que germina na mente de um, de outro, conquista a mídia, a política, as organizações. Quando todos olharem para o dinheiro e disserem assim: *Como é que eu posso exercer a solidariedade com isto que está aqui, em vez de procurar ganhar mais por algum motivo fútil?*, aí então teremos um planeta bom para se viver.

Querer um planeta bom para se viver: ótimo motivo para desenvolver a ética do nosso tempo, pragmaticamente! Estão todos convidados.

Sugestão: Vamos começar por Aristóteles, que afirmava que felicidade é praticar a virtude. Nós apresentamos, neste livro, em diagrama, o processo de expansão da consciência: dados, informação, conhecimento, sabedoria, virtude. O que parece é que as práticas do nosso dia-a-dia não nos deixam passar da sabedoria à virtude. Como chegar à virtude, se, no sistema em que eu vivo, tenho que aniquilar a concorrência, tomar os seus negócios, desempregar os seus empregados? Virtude é praticar o bem, viver em harmonia, não é mesmo?

Mas também não adianta praticar o bem na minha fundação e o mal na minha empresa, que sustenta a fundação. Nada de ações de fachada. O bem terá que ser genuíno, praticado por todos, em todos os momentos e lugares.

PARÊNTESIS II: O PRESIDENTE BUSH VEM AÍ?

Tudo é possível para quem almeja obter a hegemonia mundial. Hoje eles podem querer o controle geopolítico do Oriente Médio, amanhã o da América Latina. Hoje podem querer as reservas de petróleo do Iraque e seus vizinhos, amanhã as nossas. Ou as nossas reservas de água, um bem cada vez mais precioso. Eles podem achar que não deveríamos deixar queimar partes consideráveis da floresta amazônica todos os anos. Assim como também podem querer declarar a nossa biodiversidade como um patrimônio universal (do universo deles). Ou ocupar parte da Amazônia sob o pretexto de caçar narcotraficantes.

O Brasil que coloque as barbas de molho, com todas as suas riquezas. Assim como todos os demais países devem por as suas barbas de molho. O Império Romano não queria conhecer limites. Tal como em relação aos Estados Unidos, naquela época ninguém tinha poderio militar suficiente para qualquer enfrentamento.

> *O que Bush faz é projetar internacionalmente uma política que só beneficia os Estados Unidos... ele deseja que o mundo seja inquilino dos Estados Unidos, deseja que o mundo pague aluguel aos Estados Unidos para ter direito à própria existência.*
> Joseph Rotblat, Prêmio Nobel da Paz de 1995.

Ele quer nos impor a ALCA, que poderá ser até um bom negócio, se os termos não forem unilaterais e se não formos produzir mais um pacote de desigualdades sociais. A política americana só tem demonstrado falta de apreço para com a humanidade: não concordaram em assinar nem mesmo o tratado contra o aquecimento global, que afeta o seu próprio país. O *estadista*, seus influenciadores e assessores não conseguem ver além dos seus narizes e dos seus interesses pessoais. Recentemente saiu um relatório secreto do Pentágono, que se apressaram a desmentir: *A mudança do clima vai nos destruir... em 20 anos poderá resultar numa catástrofe global custando milhões de vidas em guerras e desastres naturais.* Saiu no The Observer (U.K.). E agora, Sr. Bush?

Enquanto isso, o FMI fez um estudo sobre práticas comerciais entre países. Se não houvessem barreiras aos produtos brasileiros e se os países ricos não subsidiassem a sua agricultura, o Brasil cresceria mais 0,7% em um ano.

Há outros estudos bem mais impressionantes. A ONG inglesa Oxfam afirma que a África tem participação de 1,5% no comércio mundial. Já foram 4%. Cada 1% representa US$70 bilhões por ano, cinco vezes o que os países africanos recebem de ajuda internacional.

Os senhores do império – não apenas os Estados Unidos, mas todos aqueles que têm o poder de dominar – estão com as garras voltadas contra tudo que não sirva aos seus próprios interesses. Não é a globalização em si que pode ser perniciosa, são os controladores dela.

Mais uma vez, a união se faz necessária. Muita força política, cultura e inteligência comercial terá que ser reunida pelos mais fracos para que se tire proveito de um fenômeno que já é irreversível: as trocas globais de qualquer natureza.

Para que o Sr. Bush ou qualquer sucedâneo dele não venha aí, alguma perda sensível ele terá que temer. Não é tão difícil assim encontrar. O que é que ele não tem? O que poderá lhe fazer uma falta tremenda e ele não poderá tomar pela força? Mercados? Produção? Mão-de-obra barata? Segurança? Uma opinião pública mundial que seja tão forte a ponto de influenciar a do seu próprio país, prejudicar a imagem do "made in USA", tomando-lhe também os votos?

Particularmente, prefiro a última opção, até porque ela já está acontecendo, embora de forma incipiente. Se houvesse o Capital Moral que almejamos, seria facílimo.

Capítulo 3

E o Social, Também Precisa Dar Lucros?

Pesquisa feita pela Interscience, entre 125 grandes anunciantes do país, detectou que, dentro das suas verbas de comunicação e marketing, destinam pouco mais de 2% à Responsabilidade Social.

Ora, se parte do mercado coloca Responsabilidade Social sob a égide da comunicação e do marketing, é porque deseja obter retornos de imagem institucional e de vendas. Pior: se são apenas 2%, menos da metade do valor investido em malas diretas, então é porque a Responsabilidade Social, no entender desses anunciantes, nem valor expressivo tem – será que é apenas mais um modismo? Ou será uma coisa que dá muito trabalho, chata, ninguém quer meter a mão?

Vamos comparar esta mentalidade com algumas declarações do Fórum de Líderes Empresariais da Gazeta Mercantil, realizado em 1997. Foi o ano em que a Comissão de Valores Mobiliários do Rio de Janeiro recomendou a adoção do Balanço Social pelas empresas de capital aberto.

A *Gazeta Mercantil* afirmava: *Os empresários começam a partir para a ação ao constatar que o governo, sozinho, não conseguirá dar cabo dos graves problemas sociais que afligem o país.* Obviamente, dentro dessas preocupações estava o desenvolvimento do mercado. *A economia não pode crescer se não tem para quem vender.*

Mas Rinaldo Campos Soares, presidente da Usiminas, foi mais forte em consciência social: *A empresa não pode ser simplesmente uma unidade econômica de produção e consumo, voltada apenas ao lucro financeiro.*

E, em 1990, na Fundação Dom Cabral, José Midlin, então presidente da Metal Leve, já havia declarado: *Os projetos de promoção cultural de nossa empresa não são movidos pelo marketing, nem pelo mecenato: são movidos pela ética. O princípio básico das relações empresa/sociedade é que a empresa não é uma finalidade em si mesma. É um instrumento de desenvolvimento social. O lucro neste caso só é uma finalidade no sentido de permitir que a empresa seja um bom instrumento de promoção do bem-estar social.*

Será que Rinaldo Soares e José Midlin encontraram muitos seguidores? Está melhorando. Uma edição especial da revista *Exame* – Guia de Boa Cidadania Corporativa – conseguiu sair com 210 páginas, listando as mais diversas atividades de Responsabilidade Social das empresas. Mas Responsabilidade Social, para muitos, ainda é Marketing Social. Obra lançada recentemente pela Publifolha, de autoria de David Grayson e Adrian Hodges, tem o título em português de *Compromisso Social e Gestão Empresarial – O que é necessário para transformar questões de responsabilidade social em oportunidades de negócio.* Está claro o objetivo do lucro, seja pela imagem, seja pelas vendas.

Na verdade, a caridade sempre existiu e era praticada, inclusive, de pobres para pobres, pois fazia bem à alma. Depois veio o mecenato, onde se dava o que estava sobrando e se ganhava dependência e força política. O mecenato derivou para o Marketing Social, com o objetivo da boa imagem e, consequentemente, do lucro. Veio a política e disse, não, o que precisamos é de Responsabilidade Social. De fato, foi um grande avanço, embora ainda façam marketing sob a alcunha da responsabilidade. E ainda estamos muito longe do que realmente precisamos: a expansão da consciência. A humanidade não precisa apenas de uma ação aqui, outra ali. A humanidade precisa ser vista como um todo, em sua igualdade essencial.

Mas, como o pobre não se cansa de repetir, "antes pouco do que nada". Melhor assim. Que o façam pelo marketing, ou por qualquer outro pretexto, desde que o façam. Mas que sejam realmente responsáveis. O IDEC – Instituto Brasileiro de Defesa do Consumidor já percebeu que tem muita gente praticando o bem de um lado e o mal do outro. Fornecedores, inclusive estrangeiros, que utilizam mão-de-obra infantil, produtores que causam danos ao meio ambiente e apropriação indébita dos descontos em folha para o INSS podem conviver com auxílios a creches e comunidades carentes. Novamente, o instrumento é o marketing. A finalidade do IDEC é que o consumidor reconheça as empresas não cidadãs e boicote os seus produtos e serviços.

O marketing baseia-se em posicionamentos, ou seja, em diferenciações. As empresas podem direcionar linhas de produtos para as classes AB ou CDE, para jovens ou para a terceira idade, bebês ou aposentados, letrados ou analfabetos, pessoas físicas ou governos. Não importa. O que importa é que todos vão consumir. E elas precisam obter preferência, simpatia, boa vontade, valorizando as suas diferenças. Uma das formas é obter exposição no mercado através de boas ações.

Assim a Responsabilidade Social vai ganhando força. Exemplar é a reportagem que a Revista *Isto É Dinheiro* publicou: *Marketing do Fome Zero. Mais que um programa social, a campanha virou slogan para vender de tudo: de chocolates a geladeiras.* E alinhou quem estava ajudando a reduzir a fome do povo, ao mesmo tempo que tirava proveitos de imagem ou até de vendas: Pão de Açúcar, Caixa Econômica, Ford, Gisele Bündchen, Nestlé, microempresas e até times de futebol. Digam o que quiserem do Fome Zero. Talvez funcione, talvez não. Mas foi um "grito de guerra" lançado por um presidente que encontrou ecos na sociedade, até mesmo no exterior. Nunca nos haviam dito com tanta clareza: "Todo brasileiro vai tomar café da manhã, almoçar e jantar." E esta consciência movimentou empresas e mentes. Na primeira Expo Fome Zero, 138 expositores se alinharam, grandes corporações ao lado de entidades civis sem fins lucrativos à procura de alianças para viabilizar projetos. Efeitos positivos, por menores que sejam, necessariamente foram gerados.

Mais uma vez, que o façam pelo marketing, mas que o façam. O povo e o governo agradecem. O que não se pode aceitar é que existam também políticos promovendo projetos sociais, ganhando simpatia e votos de comunidades carentes, para depois proteger o crime.

Uma Outra Visão é Possível

> *A empresa é uma combinação de energia humana e de capital, o que, a meu ver, significa poder. A empresa é a força mais poderosa da sociedade atual, e é essa força que deve ser utilizada para promover mudanças na sociedade.*

Annita Roddick, fundadora da The Body Shop International, prefaciando livro de John Renesch, *A Conquista de Um Mundo Melhor*, no qual se baseiam alguns conceitos aqui expostos.

Se pensarmos apenas no Brasil, onde quase todas as multinacionais são filiais e não matrizes, além do que há uma infinidade de micro, pequenas e médias empresas que não passam de sobreviventes, não há como conferir tanto poder às empresas, embora ele não seja desprezível.

Aqui o Governo arrecada perto de 40% do PIB – é ele a grande força econômica do país. Mas se o Governo governasse com as empresas e a sociedade civil, num sistema de participação verdadeira, aí sim, teríamos uma força transformadora sem precedentes.

Analisando o planeta como um todo, vários autores e instituições já estão demonstrando muitos passos além da consciência ecológica ou da responsabilidade social. Existe a possibilidade da humanidade ascender para um novo nível de consciência planetária, de comunidade, de sustentabilidade e de convivência.

Vários líderes concordam que os sistemas político e econômico atuais já não são mais adequados e poderão colocar um fim na evolução da vida neste planeta. O Club of Budapest reune dezenas de personalidades e se tornou uma dessas vozes: a maior esperança em nossa alfabetização evolutiva encontra-se na consciência planetária. Se fosse alcançada, o mundo não se desenvolveria como uma continuação do presente, nem se precipitaria rumo à falência global. Seria criado um sistema eficaz para a sobrevivência e o desenvolvimento de toda a família de povos e nações deste planeta.

A ordem atual é a valorização da vida – todas as forças canalizando seus poderes para tal.

Passando dos conceitos à prática, o que pode ser feito aqui e agora, visando o nosso presente e garantindo o nosso futuro?

Vamos construir nosso próprio futuro, esta é a primeira grande decisão a ser tomada. As ações por um futuro melhor farão com que os empresários e todos os demais agentes enxerguem possibilidades, em vez de incertezas somente. Se os governos e a comunidade empresarial forem capazes de vislumbrar a possibilidade de um mundo novo –

uma nova realidade baseada em valores e prioridades muito diferentes –, eles mudarão imediatamente a sua relação com a sociedade.

O pensamento exclusivamente materialista, científico e linear precisa ser superado. Para os indivíduos, não basta estar informados. Não se esquecer de que eles são pessoas físicas em casa e jurídicas no trabalho, ou mesmo servidores públicos. É preciso estar conscientes. Precisamos ir além da preservação dos recursos materiais. Precisamos dar espaço ao nosso espírito para um trabalho apaixonado, de criatividade, satisfação pessoal ou grupal.

Temos também o lado ético mais perfeitamente visível: muitos agem apenas na forma da lei e dos regulamentos, quando deveriam se concentrar no *espírito* do certo e do errado – este saber natural que nos diz o que de fato é justo e apropriado em qualquer circunstância.

E, mais do que nunca, é preciso educar, criar consciência. Nos nossos lares, nas nossas empresas, nas nossas ações com a comunidade. Consciência é o que mais precisamos.

Então, que a Responsabilidade Social se desenvolva, seja através das verbas de comunicação e marketing, seja através de outros setores vocacionados das empresas, seja através de iniciativas governamentais. Mas que se desenvolva, com visão de curto, médio e longo prazo, e que a sua mentalidade possa permear todos os setores da sociedade.

Mas, não se esquecer que a Responsabilidade Social diz respeito, na maioria das vezes, àqueles problemas que estão aqui, debaixo dos nossos narizes. E o planeta? Esta é a consciência maior, aquela que vai realmente valorizar a vida de todos.

O Grito dos Pobres

> *A sociedade justa não pode se isolar dessa pobreza (Ásia, África, América Latina); ela tem de estar na consciência de todos, sua eliminação fazendo parte da política pública de todos.*
> John Kenneth Galbraith em *A Sociedade Justa*.

Como já foi demonstrado, na sociedade capitalista em que vivemos, a aplicação do marketing ainda é absolutamente necessária para se obter sucesso em grande escala.

A solidariedade efetiva começou a tomar corpo por aqui no final dos anos 90. A profunda diferença entre ricos e pobres tem gerado pressões insustentáveis e, mais que isto, estão se escasseando os consumidores. Como os ricos vão atender as exigências de crescimento e competitividade das suas empresas, se o mercado tem outra meia dúzia de ricos e o que sobra são pobres ou uma classe média enfraquecida? Vamos fazer como a revista *Exame*, que estampou uma reportagem de capa ensinando *Como vender para pobres*? Ou será melhor transformar os pobres em seres humanos integrais, satisfazendo as suas necessidades básicas e um pouco mais? Melhor ainda, quem sabe eles poderão se tornar ricos em bem-estar e felicidade, sem adoecer de estresse?

A disparidade de distribuição de renda existente entre países também pode ocorrer dentro dos países. Até nos Estados Unidos isto acontece. E a insatisfação dos desfavorecidos é crescente. Em função desta tomada de consciência, já existem alguns fundos de pensão americanos proibidos de investir em empresas que não tenham algum projeto de filantropia. Sabemos que filantropia não resolve, mas ajuda.

As preocupações com as desigualdades sociais não param por aí. A Comissão Mundial para a Dimensão Social da Globalização recomenda um acesso maior aos mercados e que os países dividam a responsabilidade de manter altos os níveis de demanda da economia global. A ONU pensa em uma *governança mundial*, de modo a satisfazer as necessidades de desenvolvimento humano, e afirma que o flagelo da miséria poderia ser banido em 20 anos da face da terra. O diretor-gerente do FMI, Michel Candessus, discursou: *É preciso ouvir o grito dos pobres*. E o presidente do BIRD, James Wolfensohn, afirmou que esta mudança de postura vem sendo arquitetada há anos, o que vai reorientar investimentos e prioridades.

O discurso continua: o secretário-geral da ONU, Kofi Amann alertou líderes empresariais, executivos e CEOs presentes ao Fórum Econômico Mundial que a globalização pode ser um tiro pela culatra se continuarem ignorando os bilhões de pobres de todo o mundo.

Depois disso, o BIRD já voltou à cena para dizer a mesma coisa: num mundo em processo de globalização, os ricos precisam do mercado dos pobres, mas, paradoxalmente, não estão ajudando a reduzir a quantidade de pobres do mundo. Eles dão insuficiente auxílio financeiro de um lado, mas gastam US$350 bilhões anuais com subsídios à agricultura, barrando os produtos dos demais países. Pior: desperdiçam US$900 bilhões com defesa.

Saiu no The New York Times: depois do presidente Bush prometer US$15 bilhões de ajuda para combater a AIDS nos países pobres, as batalhas sobre patentes dos remédios continuam e o dinheiro pouco aparece. Apenas 300.000 pessoas estão se tratando, de um total de 6 milhões de necessitados. Enquanto isso, os gastos militares mundiais foram de quase US$1 trilhão em 2003.

Nada de substancial foi conseguido até agora, mas vale lembrar uma iniciativa interessante criada por Tony Blair: *Social Exclusion Unit*, um departamento para coordenar a execução de políticas contra a exclusão social entre todos os seus ministérios – a chamada transversalidade de uma política.

Assim como aconteceu com a ecologia, as preocupações com as desigualdades sociais e as ações de solidariedade estão passando a ser uma oportunidade de marketing, estão se tornando lucrativas. E, simultaneamente, passam também a ser prioridade política.

Aqui no Brasil, as desigualdades sociais chegaram a tal ponto que a consciência delas passou a ser uma grande oportunidade para todos. Inclusive para a eleição do nosso presidente, que já trazia essas preocupações em sua alma.

A consciência está chegando. Resta o "fazer acontecer". Administrar com eficácia, gerar produtividade, eliminar os entraves da burocracia, tornar a política menos indecente. Não foi o deputado Lula da Silva quem declarou que o Congresso tinha uns 400 picaretas? Quantos serão, hoje em dia?

E quando os jornais anunciam que os gastos com o social no Brasil não chegam aos pobres? O BIRD diz que 75% dos investimentos do Governo nas universidades beneficiam os 20% mais ricos. O Ministério da Fazenda demonstra que os pobres só recebem 4% do gasto social. Precisa mais?

Em um próximo capítulo vamos afirmar que a burocracia subverte a moral. Subverte mesmo. E o burocrata não é apenas aquele sujeito que bate o carimbo na repartição pública, atrasando os processos, criando exigências desnecessárias. O burocrata pode ser até mesmo o Presidente da República, preso nas garras daqueles que o cercam.

Aliás, é bom lembrar que existem pelo menos três maneiras dos governantes prejudicarem o país. Pode ser pela falta de ética, pode ser pela paralisia burocrática e pode ser por incompetência mesmo. Só a extensão do mal poderá indicar o tipo mais devastador.

Os Pobres do Campo. Olhai por Eles.

A agricultura do Brasil tem três facetas.

Primeiro os agronegócios, que de tão bem chegam a impulsionar a nossa economia.

Depois temos a agricultura familiar, com seus altos e baixos, pois uns são pobres, outros remediados, uns têm crédito, outros não têm, uns perdem a colheita, outros não, e a vida segue. De qualquer forma, a agricultura familiar é importantíssima para a nossa economia. Segundo o governo passado, ela alimentava e empregava 20 milhões de pessoas neste país. Grande parte das nossas cestas básicas era produzida por eles. Aproximadamente um quinto das nossas exportações de alimentos também. Os dados podem não estar perfeitos, mas nos dão uma ordem de grandeza.

E então vem a Reforma Agrária. Fernando Henrique queria fazer a maior reforma agrária do mundo e, principalmente no norte-nordeste, distribuiu terras sem dar assistência técnica, crédito, saúde, saneamento básico, uma catástrofe. No centro-sul, o MST ganhava as terras e, quando não tinha como cuidar delas, dava um jeito de revendê-las. Os fazendeiros locais tomaram ódio. Mas a distribuição de terras era tão ampla que, desavisadamente, até o Papa elogiou.

Foi quando a revista *Newsweek* denunciou o fiasco, pois, segundo ela, não existiam pequenos proprietários inteligentes e pelo menos um em cada quatro assentados desistia do seu lote em dois anos. *No campo, o transporte é indigno de confiança, a eletricidade um luxo. Doenças como a malária e a dengue são freqüentes; só uma em cada duas famílias chegou a ver um médico. Cerca de 95% não têm água corrente potável...*

E por este exemplo se comprova que, na gestão da coisa pública, assim como em todas as atividades, Capital Moral não é apenas deixar de furtar. É também deixar de empregar recursos de terceiros sem a consciência do que é certo e errado.

O que aconteceu foi o estímulo à apropriação de terras sem que houvesse o dinheiro necessário nem para o pagamento aos proprietários (quando legítimos) nem para a implementação de assentamentos decentes.

Ou será que existia o dinheiro, o orçamento federal é que estava errado?

Hoje, o que acontece? Parte da agricultura familiar depende dos assentados. Assim como é deles grande parcela da responsabilidade pelas queimadas da Amazônia.

O MST não quer esperar as soluções do novo governo e realizou, inclusive, algumas invasões violentas. Estima-se um potencial de 4 milhões de pessoas a serem assentadas, desta vez com crédito, assistência técnica, luz, saneamento básico e tudo o mais, para que se tornem unidades produtivas de verdade. O Governo acenou com 530 mil famílias em 4 anos. Arrisco dizer que dificilmente se fará, seja por falta de recursos, seja por falta de capacidade administrativa.

Indo um pouco além do nosso quintal, gostaria de raciocinar sobre uma afirmativa do Papa Paulo VI: *Propriedade é uma hipoteca social.*

Ela vale tanto para o campo, como para as cidades, como para as demais formas de propriedade intelectual. Eu tenho lido e relido a Declaração Universal dos Direitos Humanos e fico até emocionado ao constatar que um documento tão perfeito, assinado pela Assembléia Geral das Nações Unidas em 1948, ainda não tenha sido colocado em prática em quase todo o mundo.

Mas, quando fica declarado que todo homem tem direito à propriedade, o que se quer dizer com isso? Que eu, que não tenho nada, tenho direito a reivindicar meu pedacinho de terra? Ou que outro, que tem uma propriedade, tem o direito de defendê-la com unhas e dentes?

Em qualquer das hipóteses, penso que a propriedade, seja ela qual for, precisa ser repensada. Se nós sabemos que grande parte da humanidade, sobretudo os pobres, não tem nenhuma, o ato de lavrar a escritura de um apartamento ou de uma fazenda equivale a criar uma hipoteca social.

Com as escrituras toma-se posse de glebas inteiras. Grupos de famílias tomam posse de bairros inteiros. E os outros? Vão ficar sem nada para sempre ou, no futuro, exercer o seu direito sobre aquelas hipotecas? Excluídas as falhas, manipulações ou métodos questionáveis, qual é a legitimidade do MST ou do Movimento dos Sem Teto, em sua essência?

A partir do momento em que se permitiu dividir este país para 12 donatários, é preciso governos muito eficientes para que não se instale por aqui o caos social. A dívida precisa ser paga, de uma forma ou de outra.

Ou vamos simplesmente culpar os pobres por terem filhos?

O Círculo Virtuoso do Nosso Capitalismo

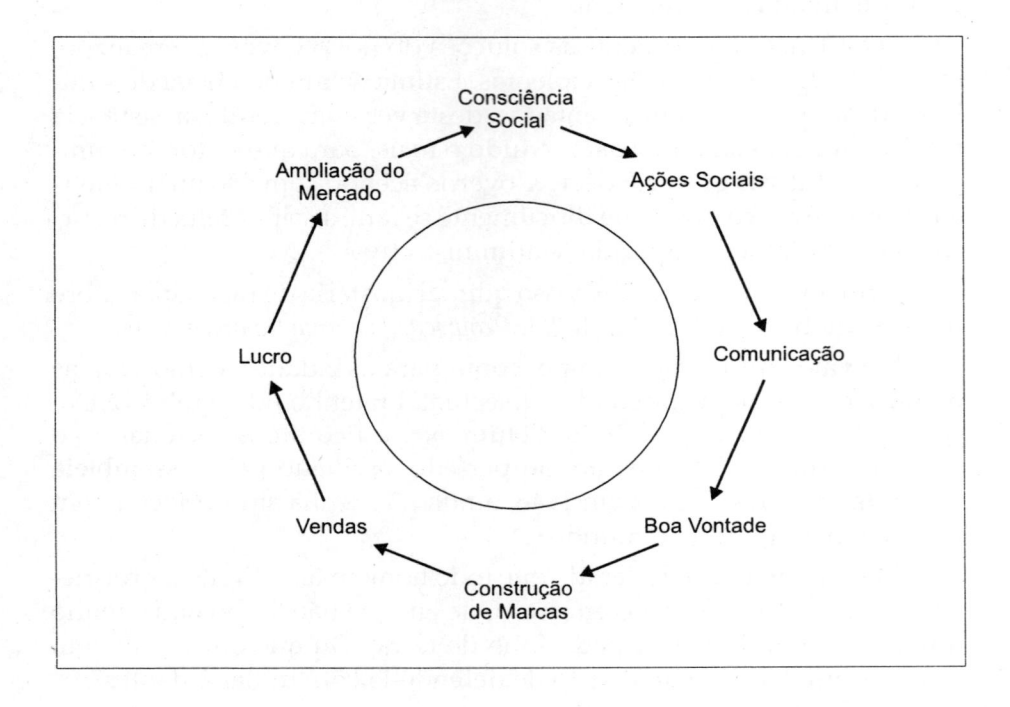

```
        Consciência
          Social
Ampliação do  →  Ações Sociais
  Mercado
                     ↓
Lucro             Comunicação
  ↑                  ↓
Vendas  ←  Boa Vontade
     Construção
     de Marcas
```

Este círculo ilustra, em síntese, o que está acontecendo: as ações de Responsabilidade Social geram boas relações com a comunidade, boa vontade para com as empresas e suas marcas e, consequentemente, ganhos de mercado.

Nada contra, a não ser a proporção dos investimentos e resultados. Tem gente gastando mais dinheiro com a propaganda das suas boas ações do que com elas mesmas. E o resultado do somatório de toda a Responsabilidade Social deste país ainda é irrisório em face das necessidades.

Na composição de poder atual, o principal ator das ações sociais no Brasil deveria ser o Governo. É ele que arrecada a maior parte dos recursos, deveria caber a ele a maior responsabilidade. Mas o orçamento é carcomido pelos juros da dívida, pelo custeio da máquina burocrática, pelo rombo da previdência, pelo desperdício das obras mal administradas, pela corrupção e, como costuma dizer o cantor, *agora é com vocês...* Sobra muito pouco para os investimentos de valor.

Enquanto isso, as nossas necessidades e as do mundo inteiro são colossais. Vejamos os mandamentos do FMI:

1. Redução da pobreza extrema, pelo menos à metade, até 2015.
2. Educação primária universal em todos os países até 2015.
3. Eliminação das disparidades entre homens e mulheres na educação primária e secundária até 2015.
4. Redução da mortalidade infantil até 2015 no equivalente a 2/3 dos níveis de 1990, em cada país em desenvolvimento.
5. Redução do índice de mortalidade materna em três quartos entre 1990 e 2014.
6. Acesso aos serviços de saúde reprodutiva para todos os indivíduos de idades apropriadas, no máximo até 2015.
7. Estratégia para o desenvolvimento sustentável, em cada país, até 2005, de forma a garantir que as tendências de perdas de recursos ambientais sejam efetivamente revertidas tanto no nível global quanto nacional até 2015.

Infelizmente, nem tudo que é consciente é posto em prática, pelo menos no princípio. O egoísmo pode prevalecer e derrubar o primeiro mandamento do FMI. O próprio James Wolfensohn, do BIRD, verificou estarrecido que o mundo não está caminhando para reduzir pela metade a pobreza até 2015. Os ricos têm limitado a ajuda que davam e continuam mantendo barreiras comerciais. Mas ele insiste: *pobreza é mais do que uma renda inadequada ou um baixo índice de desenvolvimento humano. É também a ausência de voz e de liberdade de escolha... Cerca de 15% da população controlam 80% da renda mundial. Esse fosso social não é um risco só para países como o Brasil. É um perigo para todas as nações, porque ameaça a paz mundial.*

A lista da *Forbes* está aí para quem quiser comprovar: apenas 587 bilionários possuem US$1,9 trilhão, o equivalente a um quinto de toda a economia americana.

Wolfensohn continua a sua cruzada: *enquanto a Noruega dá o equivalente a 0,89% da sua renda bruta aos países mais pobres, os Estados Unidos contribuem com apenas 0,13%. Fazer de conta que a miséria não existe ou que é algo que não tem impacto sobre os cidadãos do país mais rico do mundo seria alimentar os riscos* (de terrorismo).

E a Organização Internacional do Trabalho confirmou o lado desastroso de tudo isto:

- Três bilhões de pessoas, metade da população do planeta, vivem na pobreza, ou seja, com menos de US$2 por dia.
- Dessas, um bilhão de pessoas vivem na miséria: até US$1 por dia.
- No Brasil, segundo o Banco Mundial, há 54,4 milhões de pessoas vivendo com menos de US$2 diários.
- A diferença entre a renda dos mais ricos e mais pobres dobrou de 1960 a 1999.
- O desemprego atinge 180 milhões de pessoas em todo o mundo; um bilhão de pessoas trabalha em subempregos, sendo que dois terços das mulheres trabalhadoras estão na informalidade.
- A pobreza atinge a todos: nos 20 países mais desenvolvidos, mais de 10% da população vive com menos da metade do salário médio.

Depois de tudo isso, *globalização solidária* está se tornando a expressão da moda. Vamos memorizar, porque ela pressupõe solidariedade entre os países e entre os agentes econômicos. O que deveria incluir também ajuda administrativa para governos, visando a produtividade e a eficácia, a ética e o desenvolvimento sustentável.

Não estou falando de receituário do FMI, superávit fiscal, juros altos, nada disso. Estou falando de novos conceitos em políticas públicas. Se os nossos governantes não aprenderem, como vão fazer? Se o público não tomar conhecimento, como vai votar? E se as grandes empresas não entrarem neste jogo para valer, de mãos dadas com a sociedade e com os governos, com que finalidade continuarão produzindo tanto lucro? Cento e vinte e cinco companhias não financeiras brasileiras lucraram US$26 bilhões em 2003. E apenas 18 bancos tiveram um lucro líquido de R$12,3 bilhões. Todo mundo vai pagar os impostos devidos, fazer suas reservas, distribuir aos acionistas e *tchau*! É como se não tivessem tirado o dinheiro daqui, ou aprendido a ganhá-lo aqui. Para nós fica o Balanço Social, um instrumento bem intencionado, mas que não passa de uma história de bobo com ladino. Grande parte do que é contabilizado ali são promoções institucionais, marketing social e endomarketing, ações que vão se transformar em boa imagem e lucro para a própria empresa e suas marcas.

América Latina, Até Agora na Segunda Classe

De acordo com o economista Marcelo Moura, 84 anos separam o desenvolvimento brasileiro do americano. Estamos um pouco melhores que o nosso continente. O BID afirma que a América Latina precisa de 100 anos para chegar ao nível de renda dos países desenvolvidos. E os vilões foram apontados, pela ordem: falta de financiamento, impostos e legislação inadequados, instabilidade de regras, inflação, taxa de câmbio, crime, infra-estrutura, práticas anti-competitivas, corrupção, crime organizado, sistema judiciário.

O BID e o BIRD vão ajudar no que se refere a financiamento. E existe uma linha de crédito considerável destinada a programas sociais e necessidades de infra-estrutura na região. Voltamos ao primeiro mandamento do FMI: redução da pobreza pela metade até 2015. Saúde, educação, reformas estruturais que fortaleçam a democracia e criem prosperidade, tecnologias de comunicação e de informação terão prioridade.

Mas não pensem que isto acontece assim com essa facilidade. Muita negociação precisa ser feita para que o dinheiro seja liberado. A principal pergunta é: *Os governos são confiáveis?*, sob a ótica de quem tem o dinheiro na mão?

A outra questão é o receituário: não vamos nos esquecer que o BID e o BIRD, assim como o próprio FMI, são bancos. E banqueiro quer lucro. *Tem credibilidade internacional? Superávit Primário? Condições macro-econômicas de quitar os pagamentos?* Então, me desculpa, não vai dar.

Enquanto se discute, em infindáveis reuniões, almoços e jantares, o pobre segue esperando.

Espera mais ainda, segundo o BID, porque o investimento social na América Latina tem sido empregado de maneira ineficaz. O gasto público aumentou desde o início dos anos 90, mas *não abordou as necessidades sociais nos momentos mais difíceis.*

O Outro Lado da Moeda: O Crime e Seus Efeitos

A criminalidade em países da América Latina, a maior do mundo, destrói perto de 15% de tudo que produzimos. Por aqui, mais de 100 mil pessoas são assassinadas por ano, dezenas de milhões de famílias são furtadas ou roubadas. Isto sem contar que no Brasil, por exemplo, mais da metade das ocorrências não são comunicadas à polícia – um sintoma de que nela também não se confia.

As causas principais do crime são educação e renda insuficientes. Quanto mais desigualdade, comparativamente a outras pessoas com as quais se convive, mais crimes.

Então vamos imaginar um pretinho que nasce na favela e é criado pela sua avó lavadeira. Ele cresce enquanto ela definha. Que oportunidade de *vencer na vida* poderá ser melhor para este garoto do que trabalhar no tráfico de drogas? Com que alegria aquela velhinha vai receber, em casa, o fruto da atividade do neto na forma de remédios ou de um carrinho de supermercado? Com que orgulho o rapaz vai trazer para casa uma TV de 29 polegadas, igual à que ele vê nas novelas da Globo?

O crime é, também, fruto da falta de oportunidades. Uma queda repentina de 5% no PIB produz um aumento de 50% na taxa de roubos, e é mais fácil entrar no crime do que sair dele – quando o PIB volta a crescer, a criminalidade não cai na mesma proporção.

Crime Organizado: A Sociedade é Conivente

Vejamos o círculo vicioso que prejudica todos:

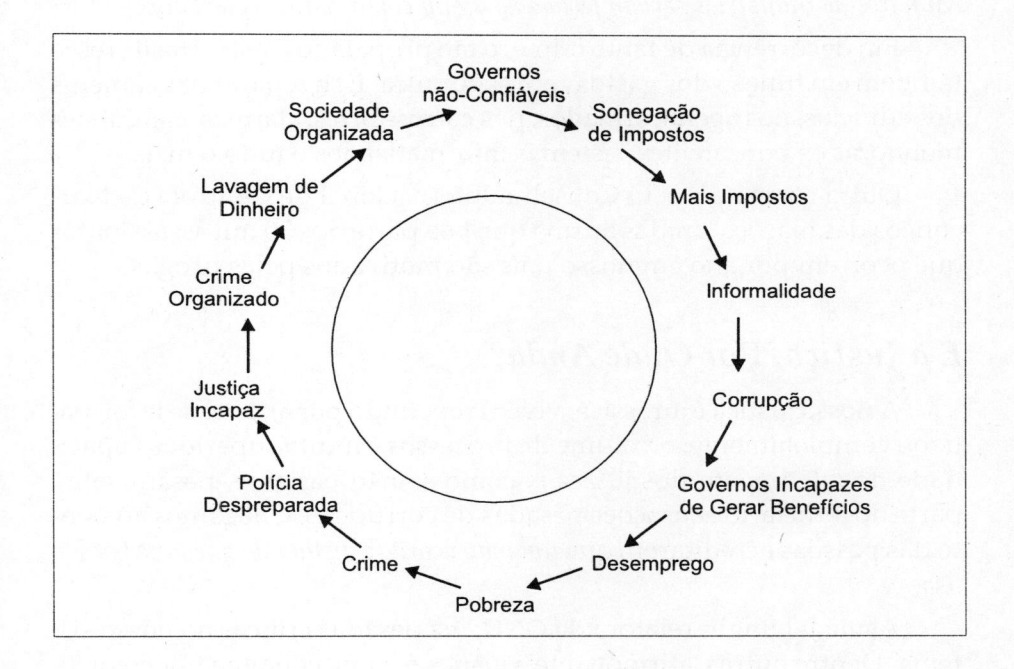

```
Sociedade Organizada → Governos não-Confiáveis → Sonegação de Impostos → Mais Impostos → Informalidade → Corrupção → Governos Incapazes de Gerar Benefícios → Desemprego → Pobreza → Crime → Polícia Despreparada → Justiça Incapaz → Crime Organizado → Lavagem de Dinheiro → Sociedade Organizada
```

Um furto aqui, um roubo ali e depois, quem sabe, o crime organizado. A América Latina é fornecedora de marijuana, cocaína e outras drogas para todo o mundo. Países como a Colômbia e a Bolívia têm forte dependência econômica desses produtos. E quando o assunto são drogas, armas, prostituição, tráfico de seres humanos e outros crimes, a teia se abre para todo o planeta.

Em entrevista recente, o ex-deputado suíço Jean Ziegler declarou, por exemplo, que 72% dos bancos e mais da metade das grandes empresas russas são controladas pelo crime organizado. Quarenta e dois por cento de todo o dinheiro movimentado diariamente em todo o mundo pertencem ao crime organizado. Isto significa que parte da indústria de vários países está nas mãos dos criminosos. Eles compram políticos e juízes e criam uma rede social favorável.

O dinheiro é lavado principalmente na Suíça ou em outros paraísos fiscais. O problema é tão grave que a interrupção da lavagem poderia provocar uma crise sem precedentes nas maiores bolsas do mundo. *Milhares de indústrias seriam fechadas, assim como centenas de bancos.*

Em decorrência de tanto crime, o tão propalado Custo Brasil cresce também em função dos gastos com segurança. É só reparar nas câmeras dos edifícios, nos agente armados, nos carros-fortes, alarmes, caminhões monitorados por satélites, sistemas informatizados e tudo o mais.

Outra constatação: O Conselho Internacional de Controle de Narcóticos das Nações Unidas afirma que boa parte dos 30 mil assassinatos que ocorrem por ano em nosso país são motivados pelas drogas.

E a Justiça, Por Onde Anda?

A nossa justiça é jurássica, vivem repetindo por aí. Não se informatizou completamente, o volume de processos é muito superior à capacidade de julgamento dos juízes e, como se não bastasse, pesam sobre parte do judiciário acusações pesadas de corrupção. Chegamos ao ponto das pessoas acreditarem que *um mau acordo é melhor do que uma boa causa.*

Asma Jahangir, relatora da ONU, fez pesadas críticas ao nosso sistema. Dentre outras, afirmou que a justiça é lenta, condena poucos acusados e, por isso, alimenta a sensação de impunidade. Alguns peritos criminais não têm independência para apurar crimes cometidos por policiais e o Ministério Público não trabalha de forma funcional.

O cidadão brasileiro, como qualquer outro, precisa da Justiça. Mas raramente confia nela, ou pode contar com ela. Até o Presidente da República falou em abrir a sua "caixa preta".

Nada degrada mais o capital moral de um país do que pesar suspeita sobre parte da Justiça. Uma Justiça que não julgue a todos igualmente. Que use seu poder para, por vezes, acusar injustamente ou fechar os olhos diante dos corruptos. Não há possibilidade de o Brasil ser desenvolvido enquanto toda a Justiça não for parte do capital moral...

Cristovam Buarque

Um fator importantíssimo é o tempo. O sistema judiciário permite desgastes e prejuízos incalculáveis a muita gente. Conheço um caso bastante ilustrativo de como a Justiça funciona e de como os advogados mal intencionados podem se aproveitar das falhas do sistema.

Há uns cinco anos, mais ou menos, houve uma fraude contra um cliente do Unibanco. Seu cartão de crédito ficou preso na máquina (ATM), a agência "30 horas" não tinha um funcionário de plantão, o telefone estava quebrado e algum estelionatário recuperou aquele cartão e gerou um prejuízo em saques não autorizados de R$6.020,00. Acontece que o cliente declarou ter declinado sua senha para um suposto atendimento do próprio banco, que ele acionou pelo celular.

Segundo um advogado especialista em direitos do consumidor, a partir do momento em que o cartão ficou preso na máquina do banco, a responsabilidade só podia ser do banco, que não lhe ofereceu a segurança necessária para prestar os serviços que estava vendendo. O cliente poderia publicar a senha até no jornal. Mas o banco não aceitou, o cliente ficou com o prejuízo e foi obrigado a entrar na Justiça. Ou seria sistema judiciário?

Os advogados do banco resolveram fazer o jogo do empurra-empurra. Primeiro argumentaram que o cliente não podia provar o ocorrido. Que a sua própria esposa poderia ter feito os saques com o cartão dela. Alegação fútil, já que, se tal ocorresse, deveria haver o registro da tarja magnética do segundo cartão fazendo as operações. O juiz, então, deu a inversão do ônus da prova.

Os R$6.020,00 geraram um débito no cheque especial do cliente, que foi sendo acrescido de juros, até que o gerente o chamou: *Seu cheque especial não pode mais ser renovado. O Sr. assina uma confissão de débito, parcela em 24 meses, ou vai ser denunciado no SPC e no Serasa.* Para preservar seu nome, o cliente assinou, pagou alguns meses, mas interrompeu os pagamentos depois, devido ao ônus elevado. E o banco não pestanejou: Serasa nele! Não satisfeitos, o que fizeram os seus advogados? Entraram com uma petição para que o processo cessasse. Lógico, segundo eles. Se havia uma confissão de dívida, não havia mais motivo para qualquer ação.

Só uma lembrança: *Muitos agem apenas na forma da lei e dos regulamentos, quando deveriam se concentrar no espírito do certo e do errado – este saber natural que nos diz o que de fato é justo e apropriado em qualquer circunstância.*

Mais uma vez o juiz foi coerente e negou o pedido do réu. E determinou que não houvesse apontamentos nas instituições de proteção ao crédito até que a ação fosse julgada. Mas computadores costumam ser burros. Colocaram e tiraram o nome do cliente do SPC e do Serasa, mais de uma vez, desobedecendo a ordem do juiz. Isto gera multas pesadas. Os advogados do Banco responderam de forma hilariante: disseram que o banco cumpriu a ordem. Ele tirou os apontamentos. Depois colocou de novo. Mas ele tirou, a ordem tinha sido cumprida.

A moral desta história é que, anos depois, de manobras em manobras mal intencionadas, os advogados conseguiram que a ação ainda estivesse sem julgamento conclusivo. E já se sabe que, ganhando o cliente, o réu poderá apelar da decisão e continuar empurrando o caso por mais cinco, talvez sete anos.

> *O Judiciário interessa a muita gente que não quer pagar dívida e tem interesses espúrios a defender.*
>
> Edson Vidigal, Presidente do Superior Tribunal da Justiça, segundo O Globo.

Onde está o Capital Moral do sistema? E o da instituição que instruiu todas as ações dos seus advogados, sobrecarregando o mesmo sistema?

Polícia e Sistema Carcerário

Outro problema sério das sociedades latino-americanas, da brasileira em particular, é o despreparo da polícia e a precariedade das nossas prisões.

Há um déficit em torno de 70 mil vagas nos presídios, o que, aliado aos maus tratos e à vida criminosa que se perpetua ali dentro, provoca sucessivas revoltas, presentes nos noticiários freqüentemente.

Mas, e se a maioria dos criminosos fosse presa? Vivenciamos um exemplo que chega a ser cômico. Uma Fiorino foi roubada à mão armada no Bairro do Rio Comprido, no Rio de Janeiro. Somente após uma hora depois de notificada, a delegacia do bairro resolveu enviar uma viatura para fazer uma diligência. O carro andou meia quadra, deixou cair na rua todo o seu sistema de escapamento e voltou.

Uma semana depois, a Fiorino foi vista perto de uma favela, no bairro de Bonsucesso. A delegacia de Rio Comprido se recusou a tomar providências – a queixa deveria ser feita na "jurisdição correta", em Bonsucesso. O dono do carro resolveu, então, ir até o local. Furtou o carro dos ladrões e voltou a Bonsucesso para retirar a ocorrência de que o veículo estava roubado.

Era um sábado: *Desculpe, Doutor, mas não temos escrivão aqui hoje. O senhor tem que deixar a Fiorino aí no pátio e voltar na segunda-feira*. O carro seria furtado de novo, só que desta vez pela burocracia policial. O proprietário concordou, então, em dar uma gorjeta de R$30,00 para que o documento de liberação fosse batido naquela hora.

Ao datilografar o papel, o tabulador da máquina se desprendeu e caiu no chão: *Está vendo, Doutor? É por isso que a gente tem que pedir dinheiro. Tudo aqui a gente é que tem que arranjar*. O detalhe mais importante: ninguém perguntou em que endereço a Fiorino fora resgatada.

A polícia brasileira é deficiente em treinamento, paga baixos salários, tem poucos recursos materiais, apresenta falta de entrosamento adequado entre as diversas esferas e, salvo honrosas exceções, é arbitrária, corrupta e violenta. É por isto que o cidadão poucas vezes sabe em quem menos confiar: no bandido ou no policial. E é também por isto que se repete, a boca-pequena: *Só é preso no Brasil quem não pode pagar*.

Um dos especialistas brasileiros em segurança pública é Luiz Eduardo Soares. É importante conhecer algumas das suas opiniões sobre o caos que temos vivido, principalmente no Rio de Janeiro. Para ele, o combate à corrupção policial é a principal ação para diminuir a violência. E não é a violência policial que vai resolver o problema – as polícias mais eficientes não são as mais duras. Entretanto, a sociedade deve entender que as desigualdades sociais e a corrupção da própria elite – o crime está infiltrado em todas as instâncias – deram espaço à bandidagem, que agora interfere na cena pública para influir nas decisões dos poderes constituídos e na opinião pública: uma prática terrorista.

O especialista americano John Laub sintetizou: *As pessoas cometem crimes por vários motivos, que vão da impulsividade a fatores sociais. Mas é a oportunidade que leva ao crime. Precisamos diminuir as oportunidades. Faz-se isso combatendo o tráfico de drogas e o uso de armas*.

E o oficial britânico Andrew Mackay foi mais longe: *É preciso combater tanto os traficantes quanto os consumidores, porque uma ponta alimenta a outra... Quem sobe o morro atrás de drogas precisa entender as conseqüências desse ato. Uma delas é a violência urbana...*

A este propósito, foi divulgada uma pesquisa do Ibope sobre a eficiência de se anunciar "quem compra drogas financia a violência" – na visão de alguns, criminalizando o dependente. Resultado: 19% dos entrevistados declararam conhecer alguém que deixou as drogas ao verificar que seu dinheiro contribuía para a falta de segurança; 44% consideraram o argumento forte o suficiente para convencer o usuário.

Alguns Advogam a Liberação das Drogas

A primeira coisa que iria acontecer seria uma drástica redução de preço, com a oferta liberada e uma concorrência ferrenha entre os vendedores. O consumo, conseqüentemente, aumentaria muito – todos teriam acesso: poderiam fumar maconha ao preço de um café.

Tem gente que acha que as drogas deveriam ser vendidas nas farmácias, com receita médica controlada, outros acham que poderiam ser liberadas gradativamente, até chegar ao estágio normal de comercialização do álcool e dos cigarros, por exemplo.

Pessoalmente, interpreto essas opiniões como a falência do estado em coibir, ou como a falência da consciência em rejeitar.

O usuário de maconha, cocaína ou qualquer outra droga proibida é, na realidade, o financiador do crime organizado, inclusive do tráfico de armas.

O Brasil é o maior exportador de produtos de refino de cocaína para a Colômbia. Somos, juntamente com esses países da América do Sul, grandes produtores. Não contentes com isso, somos importante corredor por onde passam as drogas para intoxicar nossos irmãos do hemisfério norte, eles também co-financiadores do crime. E, com o consumo interno, alimentamos o varejo das favelas e todas as outras classes envolvidas. Quem usa a droga precisa ter consciência da sua responsabilidade.

Por outro lado, o usuário contumaz de cigarros e álcool, como nos mostrou o médico Drauzio Varella em sucessivas reportagens e entrevistas, é um dependente cerebral químico – um viciado como outro qualquer.

Numa sociedade avançada, nenhuma dessas drogas existiria. O cigarro, por exemplo, terá que ser combatido pela substituição de culturas, dando ao pequeno agricultor que vive do plantio de fumo alternativas de sobrevivência.

Em paralelo, deveremos ter o aumento significativo do preço do produto e dos impostos e o combate ao contrabando. O Brasil assina o Tratado do Controle do Tabaco, em Genebra. E pretende transformar o tratado em lei. Que assim seja, mas que depois não encontrem brechas na legislação para autorizar as corridas de Fórmula 1 em São Paulo com propaganda de cigarros. Capital Moral exige coerência.

Outro fator importante a considerar é que as campanhas de fumo-saúde tiveram, até hoje, efeito limitado. Pesquisas indicaram que a parcela jovem da população, justamente aquela que vai alimentar o mercado de amanhã, *acha que não vai morrer*, ou que *é capaz de deixar o cigarro a qualquer momento*. As mensagens que são mais capazes de influenciá-los são as sanções sociais: a namorada que rejeita o beijo e lhes oferece um *drops* de hortelã, o namorado que reclama do cheiro de cigarro nos cabelos da namorada, o amigo que diz ao outro que suas camisas estão fedendo, coisas do gênero. Para convencer, é preciso atingir o ponto certo.

Quanto ao álcool, é um assunto bem mais difícil de tratar, pelo menos no estágio atual da nossa sociedade. Não beber é anti-social em quase todas as rodas. Haja expansão de consciência para coibir o uso de um produto assim!

A Corrupção Está em Toda Parte

A corrupção é a outra face da marginalidade, atingindo proporções freqüentemente maiores do que os crimes comuns. Quando um Ministro de Estado recebe US$50 mil para favorecer um grupo econômico, na maioria das vezes aquele grupo está vendendo alguma coisa ao Governo e aumenta o preço em, no mínimo, US$50 mil mais impostos. Pior será se estiver vendendo alguma coisa da qual o governo não precisa. Aquele ministro terá, então, criado uma necessidade fútil para a administração pública. Necessidade que poderá ter custado, quem sabe, US$500 mil, mais o ônus da sua implementação.

Uma piada corrente diz que o corrupto europeu recebe propina para fazer um metrô, beneficiando os seus eleitores. No Brasil, ele recebe para não fazer o metrô, beneficiando os donos de ônibus.

A ONG Transparência Internacional, que publica um índice de percepção de corrupção, afirma que latino-americanos, africanos e asiáticos acham que há mais corrupção nos seus países do que os cidadãos das nações ricas.

> *A corrupção (no Brasil) chegou a um nível tão alto que acaba atrapalhando as relações comerciais em alguns setores e confundindo a missão da atividade política.*
> Peter Eigen, fundador da Transparência Internacional.

O Brasil deixa de receber U$40 bilhões anualmente porque os investidores estrangeiros desconfiam das instituições do país. E um estudo do BID diz que a América Latina perde 10% do seu PIB todo ano com a corrupção. O ensino da ética nunca foi tão necessário.

E o que acontece quando a corrupção é reduzida à metade? O Banco Mundial responde:

- redução de 51% na mortalidade infantil;
- redução de 54% na desigualdade de distribuição de renda;
- queda de 50% na importância da economia informal em relação ao PIB;
- queda de 45% na população que vive com menos de US$2 por dia.

Sabe-se também que, nos países mais corruptos:

- as empresas têm resultados financeiros muito piores;
- invertem-se as prioridades. Hospitais podem ser substituídos por gastos militares;
- pequenas empresas podem gastar até um quarto do seu lucro para evitar multas;
- os pobres gastam grande parcela do seu orçamento familiar pagando gratificações para conseguir um atendimento qualquer, seja da polícia ou dos serviços de saúde;
- paga-se mais por empréstimos internacionais. No Brasil, o custo do dinheiro é bem mais alto que na Finlândia;

- as empresas escapam do pagamento de propinas caindo na informalidade. Pagam menos impostos e enfraquecem o Estado.

O Brasil teve, apenas entre a deposição do presidente Collor e novembro de 2000, 15 deputados federais e um senador cassados. As CPIs se sucedem, renúncias e novas deposições também. Estamos atingindo a ética? Possivelmente, não.

Até porque, por razões e interesses os mais diversos, CPIs são abertas da mesma forma que são engavetadas. No governo Lula, dezenas de pedidos de investigação foram arquivados, assim como CPIs. A CPI do Narcotráfico, que vem desde 1999, indiciou 800 pessoas, entre elas políticos e juízes. Destes, a grande maioria não foi punida.

A corrupção é fruto, em primeiro lugar, do egoísmo natural do ser humano, da falta de civilidade, do espírito individualista em sociedade. Pode ser muito favorecida pelas desigualdades sociais ou pela ganância. E é alimentada pelo capitalismo, que, principalmente após a Revolução Industrial, formou a mentalidade de que é imperativo *vencer, ter, acumular*.

Neste quadro, as sociedades menos educadas, mais indisciplinadas e permissivas geram, com maior facilidade, indivíduos propensos ao ilícito. E, como sempre, tudo desagua na consciência. Se se consegue dormir com o crime, por que evitá-lo? Se também o sistema é facilmente driblado, se a impunidade é a tônica, por que se preocupar?

O que parece estar acontecendo no Brasil é que a caça aos corruptos dá votos e vende jornais e revistas, como também aumenta a audiência dos veículos eletrônicos. Conseqüentemente, gera poder e dinheiro, da mesma forma que faz perder, e o conflito de interesses é que vai mostrar quem tem a força.

Aqui, vale um parêntesis, num país que tem uma polícia e um sistema judiciário às avessas, o papel da imprensa, enquanto responsável, é extremamente importante para fazer vir à tona os escândalos que nos rondam. A imprensa, em alguns casos, passa a exercer o papel de polícia. Acontece que a imprensa vive de novidades. Nada mais inútil do que um jornal velho. Então, o que acontece? A imprensa levanta um ato de corrupção altamente relevante. Alguns dias depois, surge outro. O primeiro caso passa para o segundo plano até desaparecer das manchetes. E, se a polícia e o judiciário não tomarem conta, temos mais uma pizza.

Para vencermos a corrupção, muita civilidade ainda terá que ser conquistada, o judiciário deverá recuperar agilidade e confiabilidade, os políticos deverão agir, sem sombra de dúvida, em prol do interesse público, os empresários deverão gerir seus negócios com Responsabilidade Social e o povo deverá estar mais educado.

Mas, cuidado, a corrupção não está apenas nos países pobres.

> *Reside em... administrações vassalas, nas mais refinadas e nas mais podres forças policiais administrativas, nos lobbies das classes dominantes, nas máfias de grupos sociais emergentes, nas igrejas e seitas, nos autores e perseguidores de escândalos, nos grandes conglomerados financeiros e nas transações econômicas corriqueiras.*
> Michael Hardt e Antonio Negri em *Império*.

Transações econômicas corriqueiras: a Kroll e a ONG Transparência Brasil resolveram ouvir as empresas. Setenta e dois por cento delas têm código de ética ou de conduta que proíbe especificamente a prática de corrupção. Será que cumprem? Segundo Claudio Weber, *o poder de se corromper virou fator de produtividade*. Pode haver um absurdo maior?

A Kroll e a Transparência Brasil relataram a segunda edição da sua pesquisa:

- cerca de 70% das empresas afirmaram gastar até 3% do seu faturamento com o pagamento de propinas. Para 25% delas, este custo eleva-se entre 5% e 10%;
- metade das empresas da amostra se candidaram em licitações públicas. Destas, 62% foram sujeitas a pedidos de propinas;
- investigações de casos de suspeita de corrupção ocorreram apenas em 22% das empresas;
- punições de funcionários culpados aconteceram em 14% delas.

Meu caro leitor, sempre que tiver oportunidade, diga não à corrupção. Os economistas do Banco Mundial chegaram à conclusão que o Brasil ocupa o 70º lugar no ranking dos países corruptos. Se chegarmos ao índice de Angola (152º), sem considerar nenhum outro fator, vamos ter uma renda per capita 75% menor em oito décadas. Se, por outro lado, chegarmos ao nível da Inglaterra (10º), ficaremos quatro vezes mais ricos no mesmo período, com a invejável renda per capita de US$14,000.

Medidas Práticas Contra a Corrupção

A união é sempre o caminho mais curto quando se deseja atingir um objetivo comum. E, nesse caso, a ONG Amigos Associados de Ribeirão Bonito é exemplar.

Com a ajuda de Antoninho Marmo Trevisan, presidente da Trevisan Auditores e Consultores, foi elaborada uma cartilha que revela como combater a corrupção. Ela foi concebida para instruir os cidadãos comuns em relação às prefeituras, mas seus princípios podem, muitas vezes, ser úteis para toda a administração pública. Por seu caráter de utilidade pública, peço licença para reproduzir alguns trechos.

Os sinais típicos de corrupção apontados pela cartilha:

- Sinais exteriores de riqueza
    - Gastos perdulários do grupo de amigos em volta da Prefeitura.
    - Pagamento de bebidas em bares.
    - Nepotismo, indício de corrupção.

- Resistência em prestar contas
    - Negam repassar informações, principalmente para ONGs e cidadãos comuns, além da Câmara de Vereadores.

- Falta crônica de verba para os serviços básicos
    - Desleixo no atendimento das necessidades e serviços básicos da cidade.

- Convites de fornecimento direcionados
    - As cartas-convite da Prefeitura já são direcionadas a um determinado fornecedor, usando de cláusulas impeditivas à livre concorrência.

- Fornecedores *"profissionais"* de notas fiscais frias

- Favorecimentos com contraprestação
  - Fornecedores compensam os administradores corruptos com cessão de bens e serviços, como veículos para utilização de familiares do prefeito, realização de obras em suas propriedades, cessão gratuita de casas ou apartamentos em cidades turísticas, ou mesmo produtos.

- Indícios no uso de notas fiscais de fornecimentos
  - Notas fiscais com valores redondos ou próximos do valor de R$ 8 mil, que são dispensáveis de licitação.
  - Notas fiscais de fornecedores distantes e desconhecidos para materiais e serviços que poderiam ser adquiridos na localidade.
  - Notas fiscais seqüenciais, indicando que a empresa só fornece para a Prefeitura.
  - Notas fiscais com visual simples, quase todas com o mesmo *layout*, impressas na mesma gráfica.
  - Notas fiscais genéricas de prestação de serviço nas quais não estão especificados os serviços prestados, de forma a confundir os leitores e evitar a comprovação de que tais serviços foram executados ou não.

- Empresas constituídas às vésperas do início do mandato

- Falta de controle de estoque na Prefeitura. É uma artimanha muito utilizada. Tenta-se mostrar desorganização para justificar ou encobrir os desvios.
  - Veículos sucateados e inativos são licenciados todos os anos, para *"justificar"* despesas com combustíveis.

- Fraude nas licitações
  - Importante verificar os tipos gráficos das máquinas que preenchem as propostas de licitações.

- Pagamentos com cheques sem cruzar
  - Os fraudadores querem sempre evitar que o dinheiro transite pelo banco.

- Realização de festas públicas
  - Algumas empresas de eventos têm sido grandes fornecedoras de notas frias, pois é difícil verificar o cachê dos artistas e a comissão dos agentes.

- Concursos públicos direcionados
  - Atenção aos concursos que incluem *"entrevista"* com o candidato.

- Declaração de renda do prefeito
  - O prefeito que tem intenção premeditada de apropriar-se dos bens públicos prepara, antes de assumir o cargo, sua declaração de renda, de modo a absorver o enriquecimento ilícito ou qualquer outra fraude e dificultar a glosa. A declaração, de modo geral, é cheia de bens semoventes, como obras de arte, ouro, gado e coisas que possam ser valorizadas de forma a "esquentar" os valores.

- Transferências de verbas orçamentárias por meio de código sem especificar claramente quais as contas envolvidas e os elementos orçamentários remanejados

- Falta de publicidade dos pagamentos efetuados

- Comprometimento dos vereadores com o esquema de corrupção
  - O prefeito procura comprometer os vereadores com a corrupção. Às vezes, indiretamente, através de aquisição de combustível e de mercadorias nos estabelecimentos comerciais do vereador. Outras vezes diretamente, por meio da nomeação de um parente ou de uma "ajuda de custo" mensal para complementar os subsídios. Nesses casos, o prefeito exige o apoio incondicional às suas pretensões e corrupções.

- Falta de atendimento a pedidos de informações sobre despesas realizadas

- Para a obtenção de provas, faça como se segue:
    - Checar cuidadosamente as denúncias, verificando se não consistem em meras desavenças políticas, sem fundamentos consistentes.
    - Buscar confirmações do delito nos órgãos públicos (Junta Comercial, Receita Federal, Receita Estadual).
    - Analisar as transferências de recursos e as correspondentes aplicações, como o Fundo de Manutenção e Desenvolvimento do Ensino Fundamental e de Valorização do Magistério (Fundef).
    - Nunca fazer denúncias vazias. Estimular o debate organizado, promover audiências públicas de esclarecimento da população.
    - Quando chegar a hora, procurar o Ministério Público. A Polícia Federal, além dos Tribunais de Contas, também podem ser muito úteis.
    - O corrupto deve também ser denunciado ao seu órgão de classe e ao seu partido. Nada deve ser passado em branco.

Conforme se apercebe, são muitos os desvios a que estamos sujeitos. Aqui temos apenas uma amostra. Jamais atingiremos o Capital Moral enquanto formos passivos a essas práticas.

De Onde Vem Tanta Falta de Consciência?

Nossa herança vem do campo. Não é fácil sair do sistema de Capitanias Hereditárias para uma estrutura fundiária justa. E os males do campo vão, certamente, refletir-se nas cidades. Em 1530, a Coroa Portuguesa entregava praticamente todo o território conhecido do Brasil a apenas 12 donatários, com direitos de doar sesmarias. Nossa sociedade foi se formando em torno do sistema de *plantations*: senhores de terras, monoculturas e escravos. E a terra farta gerava relativo atraso na lavoura, itinerante, sem irrigação ou adubagem. Durante muito tempo, a economia brasileira ficou dependente dos grandes senhores da agricultura, da mão de obra escrava e da mineração. Acreditem ou não, era proibido por lei abrir indústrias no Brasil até 1º de abril de 1808.

Nossa dependência da mão-de-obra escrava era tão grande que, a partir de 1870, o Brasil era praticamente o único país não abolicionista do Ocidente. Os escravos só foram libertados em 1888. Junto com seus descendentes e mestiços, formaram uma colossal população pobre e sem terra em nosso país.

Após a Independência, através do sistema de posses, surgiram grandes fazendas e a grilagem de terras, problema que ainda persiste. E as injustiças na distribuição das terras foram perpetradas por lei. A partir de 1850, as terras só podiam ser adquiridas mediante pagamento em dinheiro: os pobres ficaram fora do processo.

Tudo se reflete nos indicadores abaixo, medidos pelo IBGE. Pode haver alterações de um ano para outro, mas a ordem de grandeza está aqui:

- Mais de 3 milhões de domicílios brasileiros não têm banheiro nem sanitário. Mais de 7 milhões não têm banheiro.
- A taxa de analfabetismo está caindo. Sua tendência é chegar a zero, pois quase todas as crianças de 7 a 14 anos estão na escola. Mas a qualidade do ensino deixa muito a desejar e ainda temos em torno de 17 milhões de analfabetos, sobretudo adultos.
- Nossa expectativa média de vida ainda não chegou a 70 anos, bem inferior aos países do chamado Primeiro Mundo.
- Temos perto de 50 milhões de chefes de família ganhando menos que R$350 mensais. Os 50% mais pobres têm só 12% da renda total.

Já o nosso Índice de Desenvolvimento Humano, medido pela ONU, estava na casa do 70º do mundo. Aqui não se levam em conta os contrastes regionais: se medíssemos apenas o Estado do Maranhão, poderíamos estar situados entre os países da África Negra; por outro lado, se viajássemos até Porto Alegre, poderíamos ser comparados aos europeus. Setenta e cinco anos de desenvolvimento separam o bairro da Cidade de Deus, no Rio de Janeiro, da região da Lagoa, na mesma cidade.

E um estudo da Fundação Getúlio Vargas calcula-se que o Brasil tenha 50 milhões de indigentes – renda per capita inferior a R$80 mensais, mais ou menos o que calculou o Banco Mundial. Para erradicar esta fome, cada brasileiro precisaria contribuir com, aproximadamente, R$10 mensais.

O diagnóstico é o seguinte: como não existem instituições com credibilidade e capacidade suficiente para abraçar esta causa, mobilizando a população para a arrecadação e distribuição desse dinheiro, cabe aos governos o ônus da miséria. Eles, então, criam alguns programas sociais de distribuição de renda. E a sua burocracia, certas vezes aliada à corrupção, consome grande parte dos recursos antes que eles beneficiem quem quer que seja.

É um problema cultural sério. Não é privilégio do Brasil, mas é muito forte por aqui. E a mudança é lenta. Helio Jaguaribe calcula em 20 anos o nosso processo de desenvolvimento para atingirmos o estágio da Espanha de hoje. Isto se houver uma "vigorosa e consistente execução a um grande programa de desenvolvimento social e econômico-tecnológico". Obviamente, há que haver consenso e vontade de todas as classes. E não temos visto um movimento "vigoroso" neste sentido.

Mas, ao se referir aos ricos brasileiros como "Comedores de Si", pois condenam os seus próprios negócios ao negligenciar e até mesmo prejudicar o crescimento do mercado, o Prof. Cristovam Buarque concluiu:

> *Surpreendente é como custaria pouco à elite superar o quadro de pobreza no Brasil. Diferente de outros países pobres, sem recursos, com apenas 10% da receita do setor público brasileiro, gastos com as prioridades certas, sem corrupção nem desvios, em 15 ou 20 anos o Brasil teria incluído toda a sua população no acesso aos bens e serviços essenciais. Mas, ... os orçamentos da União, dos estados, municípios e Distrito Federal serão elaborados olhando as demandas dos incluídos, desprezando as necessidades dos pobres. Egoísta e estupidamente, os ricos continuarão se comendo.*

Ninguém poderia imaginar, em 1950, até onde a expansão da consciência ecológica nos levaria. Ninguém pode imaginar, hoje, até onde ela ainda nos levará. Quantas leis ainda serão feitas? Quantas certificações ainda serão criadas? Quantos tratados serão assinados? Quantas práticas serão incentivadas? Que produtos serão concebidos ou rejeitados?

Da mesma forma, não ouso prever o que poderá acontecer com a expansão da consciência social e das outras formas de consciência, inclusive a espiritual.

Este livro propõe, então, que se alimente a expansão de todas as consciências. À medida que formos nos informando e refletindo, à medida que elas forem evoluindo, a própria sociedade se encarregará de reinventar suas práticas, seus meios, e encontrar soluções.

Soluções Práticas para a Pobreza

A primeira grande discussão sobre este assunto está em necessidades de desenvolvimento versus ajuda direta.

Vamos raciocinar bem: os Estados Unidos são o país mais desenvolvido do mundo e um contingente considerável das suas crianças está nascendo pobre. A China está experimentando um crescimento econômico fantástico e, vez por outra, uma revista nos mostra os seus indigentes deitados pelas ruas. O desenvolvimento, enquanto sustentável, é necessário sim, pois gera riquezas para pessoas físicas, jurídicas e para investimentos do próprio Governo.

Mas não existe uma relação direta entre crescimento econômico e erradicação da miséria. O miserável precisa de solidariedade, de alguém que lhe ofereça ajuda: comida, educação, saúde, saneamento básico. Em outras palavras, o tempo para que ele tire proveito do desenvolvimento é um pouco mais lento – ele precisa sair da inércia que a miséria lhe gerou. Não tente empregar e fazer trabalhar um morto de fome. Primeiro ele precisa ser alimentado.

O Brasil já tem desenvolvimento suficiente para acabar com a pobreza. O que nós não temos é vontade política e eficiência na distribuição do dinheiro público. A sociedade e as empresas não ajudam o suficiente e, para mal dos pecados, o Governo usa as verbas do social para favorecer os mais ricos.

Falta sobretudo consciência, que gera vontade política, que gera engajamento social, que se traduz em ações concretas.

Todo mundo quer melhorar de vida, embora o caminho da felicidade não esteja necessariamente deste lado. É interessante notar, por exemplo, como o Brasil está dependente, para alimentar o seu mercado, das condições de acesso a bens e serviços das classes C, D e E. Internet e telefonia fixa estão sendo vítimas desse fenômeno. Muitos investimentos foram feitos e o mercado consumidor não cresce no ritmo esperado. A TV fechada não se mantém porque não tem preço para a classe C. Já se declarou que a TV Digital será inviável no Brasil se não conseguir vender para a classe C. E eu fico pensando em quantos milhões de metros de tubos a Tigre e seus concorrentes poderiam vender se todos os brasileiros tivessem acesso a saneamento básico...

A inclusão digital que tanto almejamos, ou simplesmente a inclusão educacional, passa necessariamente pela inclusão social – redução da pobreza e conseqüente expansão do mercado.

Outro ponto importantíssimo foi apontado pelo PNUD – Programa das Nações Unidas para o Desenvolvimento: *As novas tecnologias (Biotecnologia e Tecnologias de Informação e Comunicação) podem desempenhar um papel central na redução da pobreza mundial.*

Segundo o PNUD, são elas, e não a caridade, que vão impulsionar o desenvolvimento dos países pobres. Aliás, estamos longe de defender a caridade como solução. Caridade é emergência. Queremos inclusão social, o que é um passo muito além. Mas como melhorar rapidamente? Difundindo tecnologia internamente; incentivando o seu desenvolvimento; adquirindo rapidamente o que não temos.

Uma coisa é certa. De nada adianta fazer deste país uma ilha. O fechamento do mercado de informática, no passado, já nos ensinou o bastante.

> *Há perigos de que o protecionismo genético, advogado por alguns políticos da Amazônia, da mesma forma que o protecionismo informático, acabe atrasando o desenvolvimento da nossa engenharia genética, ao restringir a pesquisa internacional de nossa biodiversidade. Pesquisa internacional cooperativa em alto nível ao invés de pesquisa nacionalista em baixo nível é o desejável.*
>
> Roberto Campos

Soluções Práticas para a Pobreza do Ponto de Vista Caritativo

Certa vez alguém me expôs uma crítica ao Fome Zero, alegando que era mais um projeto assistencial, que os pobres iam continuar sem trabalhar, na miséria, etc. Resolvi argumentar:

"A experiência de Guaribas está demonstrando que não é só isso. Mas, e se for? Alguns milhões de indivíduos vão comer três vezes por dia, vão ganhar energia, vão ficar felizes, vão ganhar ânimo para aprender ou produzir alguma coisa... Não está bom para você?"

O grande problema é que a fome é recorrente. Acontece todo dia e o sujeito precisa encontrar meios de fazer o seu sustento. Por isso a caridade apenas não resolve, mas, em termos emergenciais, que ajuda, ajuda.

Me faz lembrar também da minha infância em Minas Gerais:

– "Zé, qué ganhar um prato de comida?"
– "Quero sim, dona."
– "Então capina este lote pra mim. Quando cê acabá eu dô."

O Zé estava agachado, se poupando. Esticou o pescoço, mediu o tamanho do lote e, na sua matemática irrefutável, calculou que a energia gasta na capina seria maior do que a da refeição.

– "Tô com as costa doeno, dona."

A resposta veio numa chispa.

– "Esses maldito, num qué trabalhá nem pra cumê. Depois fica aí pedino esmola!"

Só para lembrar que caridade também é consciência. E que o espírito caritativo de muitos pode se transformar em ações de Responsabilidade Social nas mãos competentes de alguns gestores. O Criança Esperança, da Rede Globo e UNICEF, é prova disto.

Existem inúmeras entidades filantrópicas no Brasil, realizando trabalhos inestimáveis para a sociedade. Não nos cabe aqui dizer quais são as melhores ou quais estão acima de qualquer suspeita, mas podemos enumerar algumas das maiores: Apae, AACD, Fundo Cristão para Crianças, Visão Mundial, Pastoral da Criança, Aldeias Infantis SOS, Grupo de Apoio ao Adolescente e à Criança com Câncer, Cáritas Brasileiras, Médicos sem Fronteiras.

Juntas, elas trabalham com cerca de 180 mil voluntários e atendem perto de 2 milhões de pessoas. Vamos imaginar que todas elas necessitem de recursos para crescer, atrair mais voluntários, atender mais necessitados.

Então, vamos implantar um serviço novo para ajudá-las: a partir de agora, quando qualquer pessoa for pagar suas contas nos bancos, sejam elas de cartões de crédito, de água, luz ou telefone – qualquer conta – poderá encontrar, abaixo do total, uma linha dizendo:

SEUS CENTAVOS PELA VIDA____

É só marcar um X nesta opção. Automaticamente, o banco vai passar o seu valor a pagar para o número inteiro imediatamente superior. E a diferença será destinada ao Fundo Filantrópico do grupo de instituições escolhidas.

Por exemplo:

- Sua conta deu R$20,30. Você marca o X, paga R$21,00 e R$0,70 vão para o Fundo Filantrópico.
- Sua conta deu R$51,76. Você marca o X, paga R$52,00 e R$0,24 vão para o Fundo Filantrópico.

No bolso de quem pratica a caridade, não faz a menor diferença. Mas milhões de pessoas podem se beneficiar. Uma conta rápida: se 30 milhões de pessoas marcarem X e destinarem, cada uma, um total de R$2 por mês para o projeto, teremos uma renda de R$720 milhões anuais para as instituições. Elas poderiam dobrar de tamanho.

Observação: Esta idéia foi originalmente concebida pelo publicitário Arnaldo Cardoso Pires, do Rio de Janeiro.

Direitos Humanos

Não é incomum ouvirmos no táxi: *A culpa dessa bandidagem são os direitos humanos. Pega o pessoal de Bangu 1, solta em alto mar pra tubarão comer, tá resolvido.*

Antes de prosseguir a discussão com o taxista, vejamos o que o Secretário Nacional de Direitos Humanos, Sr. Nilmário Miranda, tem a dizer; *Vejo os direitos humanos não só como direitos civis, mas como direitos econômicos, ao trabalho, à saúde e à educação.*

Na verdade, tudo está inter-relacionado. E a sociedade, como um todo, é responsável. Ou será que alguém acredita que o ato de deixar uma criança ao desamparo gera grandes chances de formar um bom cidadão? E depois que os homens parecerem bichos, vamos promover o seu assassinato em massa, como em Carandiru, ou tentar a sua recuperação antes?

"Sem legendas".

O filme continua: *Nosso Código Penal é fascista e não dá valor à vida. É centrado no patrimônio. Isso dificulta o combate à impunidade* (Paulo Sergio Pinheiro, o secretário anterior).

Em outras palavras, se fosse o caso de mandar os bandidos aos tubarões, só iriam os pobres, justamente a classe social mais próxima do motorista de táxi, coitado.

Capítulo 4

Se a Gente não Sabe, não Melhora, nem Exige Cidadania

A Burocracia Subverte a Moral

Certa vez presenciei uma reunião do Ibama, para discutir prevenção de queimadas no Estado do Rio de Janeiro. Algumas áreas tinham veículos, mas não tinham motoristas. Outras tinham motoristas, mas não tinham carros. Algumas não tinham gasolina. Ninguém tinha helicópteros, apenas o Exército, mas no ano anterior a verba que o Ibama conseguiu para o combustível dos vôos foi usada em manutenção, nenhum helicóptero saiu do chão.

Era desta forma que o país de maior biodiversidade no mundo prevenia incêndios em alguns de seus parques nacionais ou áreas protegidas, e na Mata Atlântica. A verba do Ministério do Meio Ambiente para prevenir incêndios e queimadas em todo o país era cem vezes menor do que a ajuda concedida ao Banco Marka, a título de prevenir males no sistema financeiro.

Este é apenas um exemplo para lembrar até onde pode chegar a ineficiência da burocracia estatal. Segundo a revista *Isto É Dinheiro*, de 365 projetos prioritários em 2001, 28 tinham 0% de execução até o dia 16 de novembro daquele ano. R$2,8 bilhões ficaram na gaveta quando deveriam ser investidos em saneamento, estradas, infra-estrutura turística do Nordeste, complementação e ampliação de portos, "enfrentamento à pobreza" e "gestão da política de direitos humanos". E notem que, segundo o BNDES, cada R$4 aplicados em saneamento representam uma economia de R$10 em saúde.

Percebe-se que o Governo Federal não é muito mais que um grande administrador de folha de pagamentos: a conta dos gastos com funcionários, aposentados, pensionistas, seguro-desemprego e bolsa-escola é de quase R$200 bilhões. Vamos reparar que o dinheiro declarado como investimento social também inclui aposentadorias e pensões. Bolsa-escola, bolsa-alimentação e outros recebem uma parte ínfima das transferências. Podemos afirmar, sem medo de errar, que somos grandes pagadores de juros também: alguma coisa na faixa de R$150 bilhões anuais.

Ao longo do tempo, inverteram tudo. Porque se o Governo é como um pai, ele dá diretamente o emprego, a aposentadoria e a pensão, não é mesmo? O fomento ao desenvolvimento, cuja exceção deste exemplo é a bolsa-escola, assim como centenas de outros programas para os quais existem os ministérios, ficam em segundo plano. Inclusive uma Reforma Agrária bem feita.

Estudo da CNI, já em 1996, apontava discrepâncias enormes entre o Custo Brasil e o de outros países, tanto na carga tributária quanto na legislação trabalhista, passando, dentre outras áreas, pela má infraestrutura de transportes, altos custos portuários e nível de regulamentação da atividade econômica excessivo e oneroso. Legislativo e Executivo insistiam em burocratizar o sistema e prejudicar os negócios.

O pior é que o tempo passa e a situação pouco se altera. A arrecadação de impostos é arrasadora. Os governos teriam que ser como deuses para bem redistribuir tanto dinheiro! A carga tributária sobre a produção das nossas empresas é o dobro da média mundial. Gasta-se em torno de 380 dias para se fazer valer um contrato. E um empreendedor desembolsa o equivalente a 11,6% da renda *per capita* para abrir uma empresa, que pode lhe tomar até 150 dias para ser legalizada. Temos 20 mil leis ordinárias. Um processo de falência precisa de 10 anos para ser concluído.

O Brasil deixa de receber US$10 bilhões em investimentos estrangeiros diretos por ano devido a entraves criados pelo próprio Governo. O estudo é do Banco Mundial. Dentre os problemas que mais prejudicam os negócios estão os altos custos da mão-de-obra com benefícios sociais, ineficiência e burocracia estatais, corrupção em grande escala, protecionismo em áreas como propriedade intelectual e transferência de tecnologia, deficiências de infra-estrutura do país, legislação em evolução e nem sempre transparente.

O Brasil estava em 46º lugar dentre 59 países que gastavam mais tempo com a burocracia governamental; estava em 55º lugar dentre os 60 países que tinham boas condições tributárias; estava em 53º lugar dentre os 60 países com bom fluxo de comércio exterior e controle de câmbio. Afinal, o que esses burocratas querem?

Estou plenamente convencido de que a burocracia é um dos fatores que pode subverter a moral. Por exemplo, gastaram mais de 30 dias para abrir uma conta bancária do Fome Zero; na área da seca, passam meses cadastrando famílias que não vêm chuva há dois anos. Parece que o papel é mais importante que a necessidade. É assim que a mentalidade burocrática funciona: na ânsia de controlar, ela se recusa a fazer, até encontrar a forma que lhe pareça ideal. No meio do caminho, perde a sensibilidade.

A revista *Veja* fez algumas contas. Quando alguém doa o valor equivalente ao quilo de arroz em dinheiro ao Fome Zero, ou seja, R$1,50, chegam R$1,35 em Guaribas. Se, por acaso, resolverem transportar o arroz doado, apenas R$0,97 chegam a Guaribas, sem contar que o comércio e a economia locais não são beneficiados. Mas se o arroz doado for leiloado em São Paulo, então o pobre-coitado de Guaribas só vai receber R$0,15.

Agora, me digam uma coisa: no primeiro exemplo, o mais favorável, o faminto lá de Guaribas vai perder R$0,15, ou 10% da doação – parece *royalty* de produto licenciado. A operação bancária mais CPMF custa R$0,11. E o restante é *custo operacional*. Eu até posso entender, embora não necessariamente concordar, que os banqueiros não queiram abrir mão das suas taxas. Ou que a burocracia estatal custe R$0,04. Mas CPMF sobre o dinheiro do Fome Zero? Quanto tempo levaram para corrigir um absurdo desses?

O pior é que a burocracia não significa apenas ineficiência. Significa corrupção também.

> *A burocracia deixou de ser instrumento do poder e passou a ser o próprio poder, um podre poder... Em qualquer setor e em qualquer nível da administração pública, impera a corrupção sob o manto das formalidades cumpridas e a impotência dos órgãos fiscalizadores. Somente a inteligência investigativa desvenda o*

> que está por trás das "licitações" e dos negócios que envolvem o dinheiro do contribuinte.
>
> Gustavo Krause, em *O Globo*.

O retorno dos impostos que nós pagamos segue caminhos muito tortuosos. Não há cidadania que resista!

A Produtividade e a Burocracia nas Empresas

Foi Luiz Fernando Veríssimo quem nos chamou a atenção. E quem viu Pelé jogar se lembra bem. Aquele craque jamais entrou em campo sem saber onde estava o gol. Jamais armou uma única jogada que não tivesse o objetivo de progressão para o gol.

Pelé deveria ser o autor da teoria da administração por objetivos. E talvez também da teoria da produtividade, tal era a economia de toques com que procurava "liquidar a fatura".

A produtividade deve ser buscada em todas as atividades, mas nem sempre as mentalidades permitem. Mais uma vez, temos um problema de consciência e de educação. As necessidades ou pseudo necessidades de controle geram burocracia e a burocracia subverte a lógica, bem como a moral, pois prejudica a vida de todos os envolvidos.

> *O primeiro país a conseguir a elevação da produtividade do trabalho com conhecimentos e serviços irá dominar economicamente o século XXI... Qual a tarefa? O que estamos tentando conseguir? Por que fazer tudo isso? Os aumentos mais fáceis – e talvez também os maiores – de produtividade provêm da redefinição da tarefa e, em especial, da eliminação daquilo que não precisa ser feito.*
>
> Peter Drucker em *Administrando para o Futuro*.

Claro está a necessidade de aplicação da lógica. Vejamos o caso das companhias aéreas. Vez por outra uma delas, ou todas elas, apresentam balanços negativos. Mas será que os seus processos são lógicos? Talvez por exigência do DAC, da Infraero, ou por miopia delas mesmas, o certo é que havia muita confusão por ali. Vejamos um relato verídico ocorrido pouco tempo atrás:

Exemplo A: Sala de espera do Santos Dumont. A TAM anuncia uma super ponte para Congonhas. Cinco minutos, depois, a Varig-Rio Sul anuncia outra. Mais cinco minutos é a vez da VASP. A TAM saiu com um Airbus novinho em folha com 35 passageiros. A Varig embarcou 48 e a VASP apenas a tripulação. Depois de centenas de autores ensinarem sobre a necessidade de parcerias e alianças estratégicas, as companhias suspenderam o *pool* da Ponte Aérea e passaram a se canibalizar na disputa por horários e passageiros. Só recentemente Varig e TAM procuraram fazer uma parceria. Vamos aguardar os resultados.

Exemplo B: Ligo para a empresa X e peço uma reserva. "Está lotado", me respondem. Resolvo arriscar. Chego no aeroporto uma hora e meia antes, entro na fila de espera, embarco tranqüilamente. Para minha surpresa, um terço do avião está vazio: *No Show*.

Exemplo C: Vou para o aeroporto em Teresina com destino ao Rio de Janeiro. Tenho reserva e entro na fila do *check in*. Um funcionário chega no balcão da companhia e grita: *"over booked!"* O próximo vôo é no dia seguinte e, para que os prejudicados não ameacem quebrar o aeroporto, ele oferece a possibilidade de nos embarcar em outra empresa, *mais* um crédito no valor da passagem – tarifa cheia. Aceito, e ele pontua o meu cartão fidelidade com 1 trecho. Troco o crédito recebido por 6 trechos Rio-Belo Horizonte na tarifa promocional e pontuo 6 vezes. Total de 7 trechos. Meu cartão fidelidade me dá um ponto e meio por trecho, ou seja, fiz 10,5 pontos e ganhei mais um trecho convite à minha escolha: pode ser Rio-Manaus.

Em outras palavras, vai jogar dinheiro fora assim, na tentativa de pedir desculpas a um cliente, lá em Teresina!!!

Exemplo D: Compramos uma passagem para viajar, óbvio. Mas, no aeroporto, somos obrigados a enfrentar uma fila no *check in* e a atendente emite uma nova passagem, chamada *boarding pass*. Não contente com isto, ela grampeia a passagem antiga na nova. Quando o grampeador vai mal, ela ainda gasta a unha, o esmalte e mais alguns grampos.

Estão tentando simplificar, pois a logística da reserva e da emissão da passagem em dobro é absolutamente insana. Se eu precisar viajar pela rodoviária, compro o assento que estiver vago, entrego a passagem ao motorista, quem chegou a tempo chegou, quem não chegou compra outra passagem – este é o contrato, todo mundo sabe que é assim e o preço é satisfatório para quem compra e para quem vende.

Mas de avião é outra história. Me dizem que ele está lotado quando não está, me vendem uma passagem e depois não entregam, morrem de vergonha e quase me colocam de acionista da empresa para comprar a minha satisfação. Quando chego no aeroporto, vejo aqueles espaços enormes (nos aeroportos novos) ou incrivelmente apertados (nos aeroportos velhos) destinados ao *check in*, um procedimento absolutamente descartável, que custa os tubos à Infraero, às companhias aéreas, à todos para quem eles repassam os custos e à nossa paciência.

É muito comum, tanto pessoas físicas quanto jurídicas, ficarem presas de processos contra qualquer lógica. E o país perde eficiência, vai empobrecendo.

Vamos ver os resultados. Tempos depois, a VASP estava em situação financeira dificílima e a Varig e a TAM resolveram fazer uma aliança, começando pela ponte-aérea Rio-São Paulo. Vejamos como funcionava:

Você comprava uma passagem, vamos supor, através da Varig. Chegava no balcão daquela empresa no Santos Dumont:

– "Eu quero viajar às 8h:45."
– "Às 8h:45 não temos mais lugares, senhor. Só às 9h:45."
– "Meu Deus, com tráfego aéreo, trânsito e tudo o mais, vou chegar atrasado na reunião. Não tem outro jeito?"
– "Infelizmente, não, senhor. Posso emitir seu *boarding pass* para as 9h:45? Aqui está, senhor."
– "Mas... um momento. Ali do lado, o letreiro luminoso da TAM está anunciando o vôo das 8h:45!"
– "Pode ser, senhor. É que nós só podemos vender 50% dos assentos. Talvez a TAM ainda tenha assentos para vender."
– "Obrigado, vou correndo até a TAM."
– "Moça, eu tenho aqui um *boarding pass* da Varig, mas quero embarcar neste avião de 8h:45."
– "Não pode, senhor, só se a Varig endossar."

Volto ao balcão da Varig.

– "Por favor, um endosso para a TAM. Estou em cima da hora."
– "Não podemos senhor. A Varig não endossa para a TAM."

- "Mas vocês não estão fazendo um *pool* na Ponte-Aérea?"
- "É verdade, senhor, mas cada empresa só pode vender 50% dos assentos."
- "E como é que eu faço?"
- "O senhor tem que comprar uma nova passagem emitida pela TAM e guardar esta aí para um próximo vôo. Eu troco o *boarding pass* pela passagem novamente, vale por um ano."

Corri lá e comprei a passagem da TAM. Embarquei. Para maior surpresa, o avião era da Varig e não estava cheio. Aqui pra nós, que parece filme dos Trapalhões, isto parece!

Se partirmos do princípio de Pierre Levy, de que somos mais humanos quando somos mais cultos, a mentalidade que nos leva à lógica, à produtividade e à negação da burocracia deveria estar no currículo das escolas.

"*Matemos a burocracia todos os dias.*"

Jack Welch

A Burocracia na Saúde

Aqui temos vários agentes. Vamos reparar que, em todos eles, a mentalidade é a mesma: o poder pelo controle.

- Tem o sujeito que fornece a ficha da fila do SUS. Este é poderosíssimo. Sem ele, ninguém é atendido, ninguém é encaminhado para o guichê certo, muito menos para o médico certo. Mas ele está convicto que, enquanto a procura for maior que a oferta de serviços médicos, o lugar dele está garantido e ele será sempre o Senhor. Mesmo que tire a dignidade de centenas de pessoas por dia. Dignidade que não é respeitada nem por alguns médicos. Eles olham para a ferida dos doentes e despacham os pobre-coitados para a enfermaria, com a recomendação de voltar no mês que vem.
- Tem o outro que simplesmente furta os medicamentos do hospital, ou da Central de Medicamentos.

- Tem o médico do Sistema Suplementar de Saúde. Ele domina a enfermagem, a fisioterapia, os pacientes, todos. Custos não importam, algum plano vai pagar a conta. E numa equação imponderável onde ninguém sabe se o que está sendo feito é para a melhor saúde do paciente ou para proteger o próprio médico de qualquer risco, os procedimentos vão sendo autorizados e a conta vai sendo engordada. O resultado é o encarecimento dos planos de saúde para toda a população. E parte do prejuízo vai para o SUS, justamente aquele que presta o serviço mais deficiente.
- E tem o sistema de trabalho dos profissionais de saúde como um todo. Muitos trabalham 36, até 48 horas seguidas. Você entregaria seu filho que acabou de sofrer um acidente aos cuidados de um profissional que está na sua 35ª hora de trabalho?
- *Resultado:* O pobre vai para o SUS e se indigna. A classe média contrata um plano de saúde que depois não sabe mais como pagar, pois quanto mais usado é, mais encarece. Os hospitais se valem de cargas de trabalho sobre humanas para melhor rentabilizar os seus custos. E o Governo é furtado por falta de capacidade administrativa.

Capítulo 5

O Poder das Empresas

Apenas 35 mil empresas, pertencentes a grandes conglomerados, produzem metade do PIB do planeta. As maiores (2 mil) segundo a *Forbes*, venderam US$19 trilhões e lucraram US$760 bilhões em 2003. Com a globalização, existe uma natural expansão das grandes empresas e do capital financeiro, que é implacável: viaja pelo mundo em velocidade cibernética atrás do lucro, não se importando com os estragos que pode causar. São trilhões de dólares circulando diariamente, sem qualquer piedade.

Entretanto, a globalização também promove riquezas. Roberto Campos calculou que 300 milhões de asiáticos saíram da pobreza em 16 anos, depois que seus países abriram as fronteiras comerciais para o mundo.

A globalização me parece um processo irreversível. O que se questiona é a exclusão dos menos aptos, o exercício do domínio para o acúmulo de poder e riquezas em detrimento daqueles a quem se negam as oportunidades.

É interessante ressaltar o poder que os indivíduos e as empresas, mesmo pequenas, passaram a ter com a economia da informação e do conhecimento. A internet pode prover acesso e voz a todos, mas como já vimos, ainda não conseguiu a reunião necessária para criar força política considerável.

Um outro paradoxo está acontecendo com a globalização. As empresas transnacionais seguem reinvidicando liberalização, suspensão de tarifas, livre trânsito e ausência de controles. Para elas, o Estado não interessa. Entretanto, o livre fluxo da informação, o incremento das relações comerciais e do turismo torna os indivíduos mais conscientes e poderosos. E vai se criando uma *cidadania planetária*, que aproxima as pessoas de todos os países, cada vez mais conscientes da sua universalidade. Porém, cidadania tem a ver com direitos e quem regula os direitos é o Estado. Quem vai regular os direitos planetários? Uma nova governança mundial, como já pensou a ONU? A resposta certamente não virá a curto prazo.

A ordem vigente são os estados nacionais. E, a meu ver, eles ainda são necessários, desde que eficazes. Principalmente porque está provado que o liberalismo promove riquezas. Mas não está provado que ele seja capaz de amenizar as desigualdades na medida certa. Tudo indica que a mão do Estado ainda será necessária por muito tempo, desde que ele esteja acima de qualquer suspeita. Neste momento, nem acima de qualquer suspeita ele precisa estar, porque se ele não existisse, estaríamos diretamente expostos aos dominadores que o legitimam, agindo sem qualquer regra.

O que poderia acelerar a chegada de uma governança mundial é a ineficiência dos estados nacionais em relação a questões que possam afetar toda a humanidade.

Mas quando é que vai chegar o dia em que os cidadãos possam se considerar autogovernáveis, livres de todos os comandos que lhes são impostos, livres de falsas sensações de liberdade ou controle, respeitando apenas o bem comum como parâmetro para o exercício da sua vontade própria?

As Empresas Vão se Engajar Realmente?

O Governo chamou toda a sociedade para ajudar no Fome Zero. E conseguiu considerável apoio de muitas empresas, assim como a Nestlé, companhias telefônicas, companhias de internet e muitas outras. Oded Grajew, presidente do Instituto Ethos, foi chamado naquela época para a Assessoria Especial da Presidência da República e cobrou a participação de empresas e instituições classistas. Pregou, sobretudo, o governo democrático participativo, em que todos se sintam responsáveis e trabalhem a favor de todos.

A veia social entrou na política, mexeu com as consciências, pressionou o marketing e também a mídia: *O Globo* passou a editar cadernos mensais chamados Razão Social – O espaço da empresa cidadã, relacionando projetos de Responsabilidade Social em todo o país. Apenas uma dentre muitas iniciativas.

Na verdade, está sendo coroada uma mentalidade que tomou corpo em meados da década de 90. Pesquisa do IPEA mostrava que 65% das 100 maiores multinacionais do Sudeste estavam engajadas em projetos sociais.

Dentre as várias expressões desse movimento, vou citar a Dona Zilda Arns, o Instituto Ethos e a Fundação Roberto Marinho.

Dona Zilda tem o título de Heroína da Saúde Pública das Américas, da Organização Pan-americana de Saúde. Foi indicada para o Prêmio Nobel da Paz por três vezes. A Pastoral da Criança, que ela dirige, tem por volta de 145 mil voluntários em 32 mil comunidades. Acompanha 1,6 milhão de crianças e 80 mil gestantes. Dona Zilda se acostumou a lidar com a pobreza – cada criança acompanhada não custa mais que R$1,03. E os resultados são excelentes. Com os cuidados da Pastoral, a mortalidade infantil caiu de 53 por mil para 13 por mil. Dessas, apenas 7% ainda encontram-se desnutridas, enquanto a média nacional é de 16%. Dona Zilda agora se empenha em levar sua experiência para outros países. E dá lições ao Fome Zero: *Não é com nota fiscal que se acompanha um projeto desses. É a inclusão social que deve ser acompanhada com muito carinho... a mulher é uma agente de transformação extraordinária. Se aprende a ler e escrever, não deixa os filhos analfabetos de jeito nenhum.*

Do Instituto Ethos fazem parte a Natura, GE, Unibanco, C&A, Itaú, Visa, Rede Globo, Safra, Klabin, Rhodia, Kaiser, Credicard e muitas outras grandes empresas. Hoje, são perto de 700, representando aproximadamente 30% do PIB brasileiro. O grande trabalho do Instituto Ethos foi a catequese das empresas, passando de ações sociais a Responsabilidade Social. Seu fundador foi Oded Grajew, que vinha da Fundação Abrinq. Em entrevista na revista *Isto É Dinheiro*, ele define Responsabilidade Social *como a relação ética da empresa com todos os públicos com os quais ela se relaciona: funcionários, meio ambiente, governos, consumidores, acionistas... para começar, o cumprimento das obrigações legais.*

Mais importantes são os resultados: *Quando se faz a coisa certa, além de se sentir bem, há benefícios para a empresa. As pessoas trabalham mais motivadas, mais engajadas. Pesquisas mostram que as companhias têm mais lucro e duram mais... Quando as empresas adotam uma postura ética, isso gera exemplo para a sociedade.*

Mas a conclusão é drástica: *O que as empresas fazem na área social raramente passa de 1% do que é necessário para resolver os problemas... a maior contribuição que podem dar é pressionar politicamente para que haja ações públicas.* Num país onde o Governo é o comilão, faz sentido.

E, por fim, o marketing: *O Estado é grande comprador e pode estabelecer normas para seleção de fornecedores responsáveis socialmente... A grande revolução virá quando cada um de nós, como consumidor, procurar não só produtos melhores, mas pensar em quem está fabricando esses produtos.*

Já a Fundação Roberto Marinho destacou-se pelo seu poder de alavancar patrocínios para realizar ações de vulto. Sua obsessão é educar. E não há, no Brasil, experiência tão bem sucedida de educação à distância como o Telecurso 2000. Têm por volta de 8 mil telessalas e 250 mil alunos. Hoje, o Telecurso já está em favelas, navios, ônibus, presídios, estações ferroviárias e abrigos para população de rua.

Vale notar o poder de multiplicação de uma rede de TV. Ninguém conseguiria tamanha amplitude se fosse recrutar ou visitar os alunos, de sala em sala.

Voluntariado, uma Força Formidável

Nos Estados Unidos, talvez por terem uma cultura de guerra de fronteiras, o que gerou muita solidariedade naquelas comunidades menores, o Terceiro Setor cresceu muito e hoje emprega mais de 7 milhões de pessoas. Segundo Peter Drucker, cerca de 90 milhões de pessoas são voluntários em hospitais, igrejas, Exército de Salvação, Cruz Vermelha, orquestras, escolas, etc. – mais de 600 mil instituições.

O trabalho deles representa cerca de 150 bilhões de dólares por ano em salários não pagos, o que explica, em parte, porque os impostos nos Estados Unidos são mais baixos do que na Europa. Existem filas de voluntários esperando o seu lugar e o assunto é levado muito a sério: os que estão na ativa lutam para ser bem avaliados, subir de posto, ganhar dignidade.

Aqui no Brasil o número de voluntários era desprezível. Jovens queriam colaborar e não sabiam como. Até que se comemorou o Ano Internacional do Voluntariado. E o movimento tomou corpo. Hoje existem aproximadamente 20 milhões de voluntários em nosso país. Em São Paulo, o número de interessados cresceu 10 vezes em cinco anos. Há mais candidatos do que vagas. Essa população de boa vontade, trabalhando sem remuneração, é uma força tremenda para a expansão de consciência de todos.

O Global Compact

Apesar de todas as iniciativas que podemos listar, está claro o fantástico poder das empresas dentro da sociedade e a sua reduzida participação nos problemas dessa mesma sociedade. Na verdade, a maioria das empresas cuida dos seus próprios afazeres, ou a elas diretamente relacionados. Quando são idôneas, pagam seus impostos e cumprem outras obrigações, além de procurarem manter boas relações com os seus públicos, mas deixam as demais soluções a cargo do Governo ou dos indivíduos, como se fossem um corpo separado do todo.

Então, o Sr. Kofi Annan, secretário-geral da ONU, propôs uma agenda mínima à comunidade empresarial internacional, contendo nove princípios nas áreas de direitos humanos, trabalho e meio ambiente:

1. Apoiar e respeitar a proteção dos direitos humanos internacionais dentro de seu âmbito de influência.
2. Certificar-se de que suas próprias corporações não estão sendo cúmplices de abusos em direitos humanos.
3. Apoiar a liberdade de associação e o reconhecimento efetivo do direito à negociação coletiva.
4. Apoiar a eliminação de todas as formas de trabalho forçado e compulsório.
5. Apoiar a erradicação efetiva do trabalho infantil.
6. Eliminar a discriminação com respeito ao emprego e cargo.
7. Adotar uma abordagem preventiva para os desafios ambientais.
8. Tomar iniciativas para promover maior responsabilidade ambiental.

9. Incentivar o desenvolvimento e difusão de tecnologias ambientalmente sustentáveis.

Várias empresas já adotaram. Os compromissos são enviados ao Instituto Ethos.

É muito? É pouco? Eu diria que é um começo. Num país como o Brasil, uma Agenda inspirada nesta teria que ser muito mais ampla. A meu ver, as empresas devem, seguramente, começar a construir um novo formato de parceria (para usar uma palavra da moda), passando a assumir responsabilidades que hoje são do Estado.

Eu pago meus impostos, o Estado faz o resto não tem se mostrado uma boa equação. Melhor seria se os impostos fossem cobrados com mais racionalidade e se parte do lucro pudesse financiar Programas de Responsabilidade Social, não apenas remunerar os acionistas, como se os acionistas fossem uma parte separada da sociedade, ou melhor, como se os acionistas não devessem à sociedade aquilo que ela lhes proporciona.

Capítulo 6

Enquanto isso, na Califórnia, Desenvolvem *Spirit in Business*

"*Spirit in Business* explora, promove e celebra a reconecção da ética, valores e espírito na liderança dos negócios."

Aliás, a espiritualidade está presente em várias organizações que se dedicam à ética e à expansão da consciência no chamado Primeiro mundo. *Spirit in Business*, por exemplo, baseia-se em oito domínios do conhecimento, mas uma leitura atenta desses domínios não pode lhes negar o valor, assim como não pode deixar de constatar que é "coisa de quem já ficou rico".

1. *A inspiração espiritual e científica* – as descobertas científicas atuais reforçam tradições espirituais e acrescentam perspectivas importantes aos dois lados. A integração delas abre a porta para uma nova visão da realidade. O objetivo é aplicar essas inspirações a nível pessoal e para as melhores práticas nos negócios.
2. *A criatividade e a inteligência emocional* – são a fonte da expressão pessoal. Daí a performance nos negócios floresce e é a partir daí que todo o conhecimento dos demais domínios pode ser desenvolvido.
3. *A saúde e o bem-estar* – baseia-se no fato de que sem saúde pessoal não podemos funcionar ou nos desenvolver fisicamente, mentalmente ou espiritualmente até a nossa completa capacidade. É importante a medicina integral para trazer ciência e espírito juntos, criando saúde e bem-estar.

4. *A efetiva liderança* – é quando um novo discernimento, baseado na integração científica dos princípios do espírito, toma lugar e se inicia o processo de mudança nas organizações.
5. *A transformação organizacional* – o desenvolvimento da organização recebe as contribuições pessoais de uma liderança efetiva e as incorpora no seu processo de transformação e aprendizagem.
6. *Responsabilidade social corporativa* – Neste domínio, *Spirit in Business* complementa a convencional, mas obviamente limitada, abordagem legal para cumprir a ética nos negócios.
7. *Comunicação e alinhamento de marca* – constrói a responsabilidade social corporativa e envolve marketing, vendas e relações públicas. Primeiramente, é dirigida ao interior da empresa. Depois, uma conexão clara com o mercado externo é construída.
8. *Riqueza e criação de valor* – Significam riqueza material e financeira e também não material, social e do meio ambiente. A integração delas é a verdadeira riqueza.

Os oito domínios funcionam como pétalas de uma flor. Há uma perfeita interação entre elas.

Vejamos algumas crenças de outras organizações importantes:

Clube de Budapest

É uma associação internacional de indivíduos dedicados ao futuro da humanidade, fundada em 1993, por Ervin Laszlo. Dentre os seus membros honorários vamos encontrar artistas (Maurice Bèjart, Zubin Metha, Liv Ullmann, Peter Ustinov), Prêmios Nobel da Paz (Oscar Arias, Josef Rotblat, Mikhail Gorbachev), escritores (Arthur Clarke, Paulo Coelho), religiosos (Dalai Lama, Desmond Tutu), filósofos (Peter Russel), empreendedores sociais (Muhammad Yunus), cientistas (Hazel Henderson) e muitas outras personalidades, todas dedicadas a um mundo melhor.

> *Precisamos compreender a natureza mutável da vida, o contexto emergente global/local na política e nos negócios, os valores e prioridades que caracterizam o mundo do século XXI. Para fa-*

zê-lo é essencial a contribuição de artistas, escritores, líderes espirituais e pessoas dotadas de visão e criatividade... É essencial trabalharmos pela evolução de uma nova consciência, que estará mais adequada para lidar com as sociedades contemporâneas.

E Einstein é citado: *Um problema não pode ser resolvido pelo mesmo tipo de raciocínio que o criou.*

É interessante também anotar os princípios da ética planetária do Club de Budapest, bastante em linha com o nosso tempo:

Viva com respeito pelos outros e pela Natureza

1. Viva de uma maneira que satisfaça suas necessidades básicas sem tirar dos outros a oportunidade de satisfazerem as necessidades deles.

2. Viva de uma maneira que respeite o direito inalienável de todas as pessoas à vida e ao desenvolvimento, onde quer que elas vivam e quaisquer que sejam suas origens étnicas, sexo, nacionalidade, posição social e sistema de crenças.

3. Viva de uma maneira que respeite o direito intrínseco à vida, e a um ambiente que dê apoio à vida, de todas as coisas que vivem e crescem na Terra.

4. Busque a felicidade, a liberdade e a realização pessoal em harmonia com a integridade da Natureza e levando em conta as buscas similares de seus semelhantes na sociedade.

Aja para criar um mundo melhor

5. Exija de seu Governo que se relacione com os outros povos e países pacificamente e num espírito de cooperação, reconhecidas as aspirações legítimas de todos os membros da comunidade internacional por uma vida melhor e um meio ambiente saudável.

6. Exija das empresas que manifestem preocupação adequada pelo bem-estar de todos os seus stakeholders e pela sustentabilidade do meio ambiente, produzindo bens e oferecendo serviços que satisfaçam a demanda corrente sem degradar ou poluir

a Natureza e sem reduzir as oportunidades das pessoas pobres de participar da economia nem as oportunidades das empresas locais de competir no mercado.

7. Exija dos meios de comunicação que divulguem informações contínuas e confiáveis sobre as tendências básicas e os processos cruciais, assim permitindo que os cidadãos e os consumidores tomem decisões abalizadas sobre questões que afetam sua saúde, sua prosperidade e seu futuro.

8. Abra espaço em sua vida para ajudar os menos favorecidos do que você a viver com dignidade básica e trabalhe com pessoas de mente semelhante à sua, próximas ou distantes, para preservar ou restaurar os equilíbrios essenciais do meio ambiente.

Desenvolva sua consciência para desenvolver o espírito humano

9. Desenvolva sua consciência para perceber a interdependência vital e a unidade essencial da família humana, para aceitar e apreciar sua diversidade individual e cultural, e para reconhecer que uma consciência alçando-se à dimensão planetária é um imperativo para a sobrevivência humana no século XXI.

10. Use o exemplo e a orientação da sua consciência em expansão para inspirar e motivar os jovens (e pessoas de todas as idades) a desenvolverem aquele espírito que lhes dará o poder de tomar decisões morais sobre as questões críticas que decidirão o futuro deles próprios e o futuro de toda a humanidade.

Fonte: www.willsharmerhouse.com.br

Os princípios éticos do Club de Budapest são bastante pragmáticos, podendo ser aplicados no mundo de hoje de acordo com a expansão da consciência das pessoas.

Mas podemos almejar mais, muito mais: na taxação dos impostos de forma mais moderna, a partir dos que exaurem os recursos do planeta, na interação governos – empresas – sociedade, na forma de uma administração realmente participativa, na redução do tamanho do Estado, que passará a ser muito mais regulador do que executor, na profunda discussão de todos os direitos de propriedade e da participação do mercado no lucro das empresas. Veremos todos esses aspectos mais adiante.

Institute of Noetic Sciences

Seu propósito é, *através da exploração da consciência, contribuir com a mudança de visões do mundo e valores, que conduzirão à criação de um mundo mais justo, compassivo e sustentável.*

Foi criado pelo astronauta da Apollo 14, Edgard Mitchell. Ele queria investigar a ciência da consciência para aplicá-la na solução de problemas sociais e globais. Por ser uma atividade ainda não reconhecida completamente, o IONS tem mais a contribuir através do testemunho daqueles que abraçaram os seus objetivos e as suas inúmeras práticas exploratórias:

> *O potencial em tudo isso é a integridade. Viver mais perto de quem você é... para um grupo de valores que são verdadeiramente afirmativos na vida... o propósito da vida não é abraçar tudo que você tem: é crescer na sabedoria, e aprender como amar melhor.*
>
> Rachel Naomi Remen

A World Business Academy e os Problemas que Temos Hoje

Esta é uma instituição de pesquisa e educação global, procurando a melhor compreensão e prática do novo papel dos negócios, como agente de transformação social.

Aqui, voltamos a uma importante reflexão. O Estado é um voraz arrecadador. Não pode estar certo, porque grande parte do dinheiro não volta na forma de benefícios para a população. Por outro lado, se as empresas pagam corretamente os seus impostos e têm uma relação correta com os seus públicos, elas são consideradas cidadãs.

Mas, se 51 grandes companhias fazem parte das 100 maiores economias do planeta, não é provável que elas influenciem os rumos de todo o mundo?

Vamos verificar que somente a sociedade paga a conta. Os impostos são, em grande parte, transferidos para os custos do consumo. E as empresas, quando lucram, remuneram apenas os acionistas, como se eles não devessem nada à sociedade pelos conhecimentos e pelo mercado que recebem. Até nos Estados Unidos a contribuição direta das empresas para as causas sociais é muito pequena – não chega a 2%.

Se os negócios podem ser um agente de transformação social, então temos que lutar pela redução significativa dos impostos e por um Estatuto que obrigue as empresas a devolver à sociedade parte do que ela lhes proporciona. O mercado precisa ser visto como sócio. Que tal receber uma cota das suas ações?

Poderão perguntar: qual é a vantagem? O Governo vai ficar mais fraco, as empresas vão ficar mais ricas e quem vai garantir a correta distribuição dos lucros? A resposta só poderá estar na maior participação da sociedade em todas as decisões. Não é um processo para implantar amanhã. É um processo para a nossa reflexão e ação, no decorrer do tempo. Afinal, que democracia queremos praticar? A representativa ou a participativa?

Que democracia temos hoje, em que todos (inclusive os analfabetos) votam influenciados pela TV, cujos custos são estratosféricos? Em que os candidatos são financiados pelos poderosos e ficam em débito com eles, para devolver as benesses durante seus mandatos? Que democracia temos hoje, quando a Presidência da República, para aprovar suas propostas, tem que liberar verbas altamente questionáveis de emendas parlamentares ao Orçamento? Em que podemos crer quando o presidente declara publicamente que o Chefe da Casa Civil vai ao Congresso vestido e volta quase pelado?

Não consigo ver grandes diferenças entre as ditaduras militares e a ditadura do Congresso, hoje em dia. Em outras palavras, não consigo identificar, no Congresso, meus verdadeiros representantes. O que vejo é uma sucessão de denúncias e acordos para aprovar coisas com as quais nem sempre concordo. Que diferença existe entre os atos desses supostos representantes democráticos e uma reunião de uma dezena de militares para decidir também sobre coisas com as quais eu não concordava? Quando é que vão abandonar os acordos em prol da nossa participação?

Na situação atual, as empresas brasileiras, além dos seus objetivos contratuais, preenchem menos de 1% das necessidades sociais do país. E o Governo, quanto preenche? Ele não consegue fazer nem uma Reforma Agrária decente! Não consegue educar com qualidade, nem dar saúde, nem fazer funcionar a maioria dos seus programas sociais – tudo preso a uma burocracia sem fim... Quantas gerações terão que esperar até que os governos se tornem competentes?

Só o Brasil tem perto de 50 milhões de famintos. Trinta mil crianças morrem no mundo todos os dias devido à miséria. Enquanto isso o Sr. Bush financia sua eleição pela indústria bélica, dentre outras, e vai à guerra desperdiçar muitos bilhões de dólares por motivos altamente duvidosos.

Onde está a melhor compreensão e prática no novo papel dos negócios e da política? Onde está a consciência, o Capital Moral das empresas e de todos nós em todo o mundo? À espera dos governos? Não parece ser a melhor expectativa. Os governos recolhem impostos e assumem uma infinidade de responsabilidades. Deles o mundo espera nada mais, nada menos, que a felicidade. Mas a maioria dos governos, presos à sua incompetência, à burocracia, à corrupção e aos acordos políticos que são forçados a fazer para governar, são capazes de retornar à sociedade uma proporção ridícula do que tomam.

Vivemos uma equação de uma estupidez fora do comum. Se são as empresas que recebem da sociedade todos os bônus do consumo, então elas mesmas deveriam devolver a parte justa. E os governos deveriam ser pequenos, muito mais reguladores do que arrecadadores e maus gastadores.

> *Os negócios tornaram-se a mais poderosa instituição do planeta. A instituição dominante em qualquer sociedade precisa tomar a responsabilidade pelo todo. Mas os negócios não têm tido esta tradição... Assim, os negócios têm que adotar uma tradição que eles jamais tiveram através de toda a história do capitalismo: dividir a responsabilidade pelo todo. Toda decisão que for tomada, toda ação que for feita, precisa ser vista na luz desta responsabilidade.*
>
> Willis Harman

Voltaremos a este assunto nos próximos capítulos.

Observação: O Club of Budapest, o Institute os Noetic Sciences e a World Business Academy estão reunidas no Brasil na Willis Harman House, em São Paulo.

Parêntesis III: Um Pouco mais de Ética para Refletir

The Twilight Club

Aqui nós vamos encontrar reflexões sobre a ética que vêm desde Herbert Spencer:

> *A lei moral propriamente dita é a lei do homem perfeito – é a fórmula da conduta ideal...*

E Edwin Markvam:

> *In vain we build the city if we not build the man.*

Ou Heráclito:

> *O caráter de um homem é o seu destino.*

Vamos fazer algumas digressões? O caráter de uma empresa é o seu destino. O caráter de um povo é o seu destino. Claro está que destino não significa necessariamente punição ou prêmio. Significa simplesmente para onde vamos, de que forma vamos viver, inseridos em que tipo de ética. Mas pode-se, certamente, mudar sensivelmente o resultado se conseguimos mudar as premissas.

Provocar sensíveis alterações no destino da nossa civilização através da construção do caráter das pessoas, pela prática de princípios éticos universais, este foi o objetivo dos fundadores o Twilight Club, que já tem mais de 120 anos.

E eles acreditavam que, combinados com a espiritualização da humanidade, todo o discurso humano será eterno, imutável e universal. Muito interessante: se a expansão da consciência espiritual ocorre, a ética não muda mais. Não teremos mais neonazistas, defensores das guerras do Bush, nem das guerras comerciais – todo mundo em harmonia seguindo pela vida.

Vamos conhecer a profundidade dos seus conceitos éticos:

1. O princípio da solidariedade humana através do ato de dar ao invés de tomar.
2. O princípio da unidade humana através do conhecimento da singularidade de toda a humanidade.
3. O princípio da harmonia social através do desenvolvimento do caráter e da inteligência.
4. O princípio do desenvolvimento humano através da descoberta do seu Eu Interior.
5. O princípio do pensamento em vez de lembrar e repetir na educação.
6. O princípio do trabalho para o enobrecimento da alma humana.
7. O princípio da essência do homem como Mente, não corpo; como Espírito imortal, não carne morta; e como um ser do bem, não do mal.

Aqui temos, claramente, um erro de percepção, provavelmente influenciado em Descartes ("penso, logo existo"). Com os conhecimentos que temos hoje, poderíamos dizer: O princípio da unidade do universo, estando aí inserido o ser humano integral.

8. O princípio do julgamento do caráter moral baseado nas ações das pessoas umas com as outras, não nas suas crenças, doutrinas, credos ou dogmas.
9. O princípio de que este Código de Ética é baseado numa lei cósmica universal.
10. O princípio de que pode haver uma síntese entre ciência e religião.

Muito para refletir: sentimentos, discernimento, capacidade de alternar instintos, inteligência, vontade, espiritualidade. Se não evoluirmos realmente, correremos o risco de acordar amargos, como eu acordei em 11 de setembro de 2003, quando escrevi o texto a seguir.

O Planeta dos Animais

Há dois anos atrás, terroristas suicidas derrubaram as duas grandes torres de New York, jogaram um avião no chão, outro contra o Pentágono – mataram milhares de pessoas e provocaram a maior dor no seio das suas famílias e dos seus amigos mais chegados.

Naquele dia, eu pensava: começou hoje, realmente, o Terceiro Milênio. A partir de agora virá uma consciência maior a respeito do opressor e do oprimido, das desigualdades sociais, das injustiças de toda espécie, do desespero dos perdedores.

Será? Existem paladinos da maldade por todos os lados, sejam ricos, sejam pobres. E os opressores e oprimidos não precisam ser vistos apenas na forma de países ou de empresas. Eles estão entre nós, são pessoas físicas com todos os seus egos exacerbados, uns querendo se impor sobre os outros.

Afinal, de que natureza somos feitos? Do guepardo que ataca o guanu e lhe provoca grande dor por uma refeição com substância? Para onde vai esta dor? Um simples grito sem memória? Mas se o tigre mutila a zebra sem conseguir caçá-la, a zebra mutilada não vai sofrer para o resto da vida? Ou vão me dizer que o seu cérebro não processa o sofrimento – "que importância tem o animal?"

A cadeia alimentar é ampla, muita ampla. Nela todos podem sofrer, até as plantas. E nós, humanos, somos diferentes do quê? Sempre fomos importantes predadores de animais. E, muito pior que isto, com toda a consciência ecológica que já conseguiram nos dar, somos os maiores predadores de seres humanos já conhecidos.

Terroristas se explodem e levam consigo um bocado de gente, vêm as retaliações, com mísseis, tanques e o que mais houver disponível de efeito destruidor. As guerras se sucedem, ora por motivos econômicos, por motivos religiosos ou por motivos fúteis mesmo.

E não são apenas as guerras. As disputas econômicas têm espectro muito mais devastador – matam crianças de desnutrição, adultos de sede, fome ou frio, adolescentes pelas drogas e assim por diante. O eu não pára de prevalecer sobre a humanidade, assim como o sapo come o inseto, a águia ataca o esquilo, a raposa rouba o galinheiro.

Afinal, de que espécie somos nós? O que significa ser humano? Que diferença fazemos do planeta animal? Quando atingiremos a evolução necessária?

Embora sejamos tantas vezes bons, magníficos, altruístas, generosos, capazes do belo, até do extraordinário, algo espreita em nós, pronto para o salto, a mordida, o gosto de sangue na boca e o brilho demente do olhar.

Lya Luft em Veja On-Line

Capítulo 7

Brasil *versus* Estados Unidos

Uma coisa é caminhar pelas belas avenidas de New York ou San Francisco, entrar naqueles prédios magníficos e conversar com as pessoas que vivem naquela realidade. Outra coisa é subir as ladeiras de uma favela no Rio de Janeiro e falar com um desempregado ou com um negociante que vende café, cachaça, ovo cozido e drogas. Este é um outro tipo de realidade. Noam Chomsky já afirmou que não existe diferença entre a miséria do Harlem ou de alguns bairros de Boston e a miséria da América Latina, mas quantos americanos conhecem a miséria deles? As nossas favelas, por outro lado, são uma realidade bem mais próxima de nós – e bem maiores.

Como pode a paz, que engloba aqueles oito passos do Pathways to Peace, ser construída num mundo tão desigual? A guerra do Bush não chegou por aqui, exceto nos mercados financeiros. Mas a guerra do tráfico está debaixo das nossas janelas.

Quando as pessoas vão concordar em dividir oportunidades? E dividir oportunidades não é dar aquilo que nós temos mais do que o suficiente. Dividir oportunidades é aceitar que o outro tem o direito de crescer nas mesmas condições que proporcionamos aos nossos filhos.

Outro pensamento que eu tenho é que as pessoas que pedem pela guerra não deveriam ser respeitadas como seres humanos. É uma atitude radical, sem dúvida, mas se alguém vê uma criança andando sem uma perna por causa da explosão de uma mina na África ou no Afeganistão, se esta mesma pessoa assiste um hospital sendo bombardeado no Iraque ou em Pearl Harbor, se ela assiste um filme de Spielberg sobre o Gueto de Varsóvia e ainda assim ela pede pela guerra, que me desculpem o meu radicalismo, mas ela não passa de um cão raivoso.

Grande parte dos americanos de cultura mediana, por absoluta desinformação e deformação cultural, chega a sentir orgulho ao enviar seus filhos para a guerra. Mas há uma elite que está seguramente contra a guerra, assim como há várias facções de ativistas, cada uma trabalhando pela expansão de um tipo de consciência. Outros não se engajam. Mesmo quando são escritores e defendem idéias pela melhoria do nosso mundo, acreditam que estamos num processo de evolução x, que o mundo é assim mesmo, vamos mudar para melhor, é uma questão de tempo.

Mas que tempo? Como a vida deles já está resolvida, não têm pressa. Também acredito nesta evolução positiva, mas gostaria de pensar no tempo a curto prazo. Há uma classe de pessoas que entende bem a evolução da humanidade – está no nível de cima, o mal não lhes afeta tanto. Mas há algumas pessoas – entendendo ou não o que está acontecendo – que estão no nível mais baixo e o mal lhes afeta muitíssimo. Elas podem conseguir uma vida melhor em um ano, dois anos, ou nunca.

Então, elas fazem parte do processo evolucionário, mas elas estão perdidas. A questão é: o que o pessoal da classe mais alta (financeira ou intelectual) pode fazer para acelerar as melhorias de vida de quem luta contra o tempo?

Capítulo 8

Consciência, um Negócio para Ser Pragmático. Ou a Expansão da Consciência e as Inovações Sociais

A revista *Exame* publicou um interessante artigo de James Collins que chamava a nossa atenção para o valor das inovações sociais. Afinal, o que influenciou mais a vida humana, o computador ou as eleições livres, o telefone ou o governo representativo, a televisão ou o dinheiro como instrumento de troca, o rádio ou as empresas de capital aberto?

Collins advogava que *a mais poderosa de todas as ferramentas é a organização humana* e citava, como um dos exemplos, o fato da Procter & Gamble ter permitido a participação dos funcionários nos lucros e ter possibilitado que eles possuíssem ações da empresa quase 100 anos antes das demais indústrias americanas.

O artigo concluía que, *no próximo século, os verdadeiros visionários não serão os técnicos, mas os visionários organizacionais e sociais, que redefinem a maneira como as pessoas se organizam para gerar produtividade humana, realizações e inovações.*

Vale lembrar outros exemplos, como o fundo de investimento, o seguro ou o jornal produzido e distribuído em massa. Todas essas foram inovações autênticas porque transformaram recursos de baixa produtividade em alta produtividade. E gerar produtividade humana não é tão difícil assim: é simplesmente aplicar a inteligência às coisas que já sabemos como fazer, inovando a forma.

No meu entender, as mudanças organizacionais e sociais mais relevantes podem ser propiciadas pela expansão da consciência. Abre-se o campo para o pensamento. Criam-se novas necessidades e desejos. Não estamos falando apenas em gerar inovações com reflexos econômicos imediatos, mas também nas mudanças no nosso modo de ser, viver e ser feliz.

Quando ocorre um processo de expansão da consciência, a atenção é redirecionada. Os governos mudam as leis, as empresas criam novos produtos, serviços, promoções e formas de atuar, a mídia abre espaços, informa, educa e pressiona a opinião – tudo se transforma num processo em que uma ação alimenta a outra, como num círculo virtuoso e espontâneo de toda a sociedade.

O Valor da Educação para a Expansão da Consciência

Uma das grandes tendências desses e dos próximos anos diz respeito ao Capital Intelectual, grande ativo das empresas e dos indivíduos da Era do Conhecimento. Seja em busca da sua dignidade, ou do seu poder político, seja em busca do sucesso profissional ou social, seja pelo seu desenvolvimento pessoal, estão estudando cada vez mais, por toda a vida.

A educação, inclusive, garante mais produtividade na economia, o que significa dinheiro para pessoas físicas, jurídicas e governos.

O conteúdo educacional e/ou de entretenimento está cada vez mais presente em todas as mídias, inclusive nas promoções e na propaganda. E é necessário educar divertindo, simplesmente porque, premidos por elevada carga de trabalho, nem todos têm energia suficiente para aprender estudando.

A educação forma novas consciências. E abre campo para ações políticas, sociais e econômicas em prol de uma vivência mais digna para a espécie humana: ações ecológicas, assim como outras iniciativas da sociedade em defesa dela mesma, inclusive contra o lado predatório do capitalismo, estão encontrando mais espaço e desenvolvimento.

O homem está cada vez mais bem informado, mais educado, mais hábil. E a Era do Conhecimento está tirando das trevas também algumas populações mais pobres, como na África ou no Nordeste brasileiro, transformando algumas regiões paupérrimas em mercados emergentes, promovendo desenvolvimento.

> *A verdadeira educação e a verdadeira aprendizagem fundem todas as disciplinas em uma apreensão global para a qual a aprendizagem de si é tão importante quanto o conhecimento do mundo. Um conhecimento de si que finalmente nos leva a perceber que somos, todos juntos, uma consciência iluminando o mundo.*
> Pierre Levy em *A Conexão Planetária*.

Alfabetizar é bom e lucrativo, estampava O Globo. Chegaram à conclusão que investir em educação básica traz um retorno de R$3 bilhões anuais ao país, considerando 5 milhões de habitantes ganhando R$50 a mais pelas suas novas habilidades. O Ministério da Educação estima em 20 milhões o total de analfabetos brasileiros. E há também os que foram à escola mas não aprenderam o suficiente, ou que abandonaram os estudos, são semi-analfabetos. Mais de 40% dos nossos estudantes não conseguem concluir o ensino fundamental. Mas, se cuidarmos de apenas 10 milhões, entre 15 e 64 anos, vamos gastar não mais do que R$4,3 bilhões. Vamos criar 100 mil empregos para novos professores e pagar a conta em, aproximadamente, 2 anos.

Qualquer empresa deste país, diante de um novo negócio como este, fecharia na hora. Mas o assunto é macroeconômico, consequentemente da alçada do Governo. Por que é tão difícil assim tirar o Governo da inércia? Por que não fizeram há dez anos atrás?

E, infelizmente, o nosso olhar não pode estar apenas na direção do orçamento federal. O IBGE aponta que um terço das nossas crianças trabalha mais de 40 horas semanais e mais da metade usa produtos químicos ou ferramentas. No Rio há vendedores (essas crianças para quem a gente fecha o vidro do carro) que ganham entre R$10 e R$20 por dia e muitas vezes dormem na rua, para não gastar o dinheiro da condução até em casa. A jornada delas pode ser de até 14 horas diárias. E temos carregadores e catadores de latas. No narcotráfico, há 6 mil adolescentes declarados.

Como é que uma criança que trabalha 40 horas por semana pode estudar? Ou como é que pode render nos estudos, se tiver algum?

Consciência Social: a Eliminação da Pobreza

As sociedades ocidentais modernas são de múltipla opção. Várias tendências relativas ao pensamento e ao comportamento convivem simultaneamente. Dentro de uma mesma família podemos encontrar esportistas, intelectuais e sedentários. Amantes do pagode e da música clássica, *yuppies* e *hippies*, e assim por diante. Até os mesmos indivíduos podem alternar diferentes estilos.

Mas as grandes mudanças da sociedade só ocorrem quando surge uma nova consciência coletiva. Revolução Industrial, cuidados com o meio ambiente, Responsabilidade Social – movimentos que tomaram força porque conquistaram mentes, conquistaram mentes porque se mostraram importantes política e economicamente. Por conseqüência, ganharam também relevância educacional. Um fator alimenta o outro e vice-versa.

O marketing social está, progressivamente, dando lugar à Responsabilidade Social. É uma evolução importante. Marketing social diz respeito à promoção de governos, empresas e marcas através de ações de cunho social. Responsabilidade, por outro lado, diz respeito à criação de reais oportunidades de progresso através de um trabalho contínuo e consciente.

A confusão é que tem muita gente que pratica o marketing, mas lhe dá o nome de Responsabilidade. Estão longe de compreender o que é a consciência como um todo, um passo ainda adiante da responsabilidade.

Dentro de uma perspectiva absolutamente egoísta, porém benéfica para todos, as elites brasileiras precisam entender que investir nos pobres só poderá enriquecer o mercado e, conseqüentemente, as próprias elites. Precisam aprender que a redução da pobreza provoca a redução dos índices de criminalidade, reduzindo riscos de vida e custos de segurança. As elites brasileiras precisam notar que a criação de oportunidades reais de progresso para todos gera votos e, conseqüentemente, poder.

Mas não basta educar os pobres, criar habilidades, visão do mundo. É preciso também lhes dar oportunidades de acesso que o conhecimento nem sempre é capaz de proporcionar sozinho.

Por exemplo, 10% da população mundial estão conectados à internet, 10% já sabem do que se trata e, pasmem, 80% nem sequer ouviram falar. O fosso social que virá daí é gigantesco. Se não houver um mutirão planetário para criar oportunidades de acesso a esta ferramenta imprescindível, estaremos alimentando uma fantástica legião de "menos aptos".

Esta consciência a respeito da criação de oportunidades precisa ser generalizada, assim como as preocupações ecológicas tomaram corpo na segunda metade do século passado. Precisa pressionar a política, a economia, o mercado. Somente assim serão criadas condições para a eliminação definitiva dos miseráveis, o que vai refletir na redução das desigualdades regionais e no desenvolvimento sustentado dos países.

Consciência Ética: Harmonia

Outro fator fundamental, tanto para as nossas relações internas quanto externas, é o crescimento da consciência ética, com a conseqüente redução da corrupção e dos crimes comuns em todos os níveis.

Dentro do raciocínio que venho desenvolvendo neste livro, para ser viável a curto prazo, também a ética precisa dar lucros. Só que os lucros serão melhor compreendidos dentro do conceito de sustentabilidade.

Aliás, cabe aqui mais uma importante observação: o lucro não precisa ser visto como o privilégio do investidor ou do especulador individual. Quando se trata de humanidade, o lucro pode e deve ser de todos. Ser benéfico, ao invés de perverso.

Também já dissemos que, diante da grande complexidade do mundo em que vivemos, sujeito a mudanças a todo instante, precisamos de uma ética que seja de simples compreensão. O objetivo é a busca do bem comum nas relações políticas, econômicas e sociais. A palavra-chave é harmonia. *Se for harmônico, dentro de uma perspectiva holística, é bom* – fica mais fácil julgar.

Mas, no mundo capitalista, demonstrar que fazer o bem comum é mais vantajoso ou lucrativo do que buscar ganhos egoístas não é tão fácil. Um grande programa educativo precisa ser feito para pressionar, primeiramente, a consciência e a política. Na medida em que der votos, a ética vai ganhar força na legislação e nas ações de Governo, forçando novas prioridades na gestão das empresas, ensejando o lançamento de novos produtos, serviços e posturas empresariais, criando necessidades de mercado e, portanto, gerando dinheiro.

O crescimento da consciência ética baseada na harmonia vai ajudando a reduzir uma série de problemas:

- preconceitos contra as minorias/racismo;
- criminalidade/violência;

- corrupção em geral;
- corrupção na justiça e na polícia;
- desumanidade do sistema carcerário;
- entraves burocráticos do Governo.

Também vai favorecendo atitudes importantíssimas para o nosso desenvolvimento:

- crescimento da solidariedade e do voluntariado;
- fortalecimento da família;
- crescimento da consciência ecológica.

Esta harmonia que tanto enfatizamos precisa estar inserida no dia-a-dia de cada um de nós, como um cimento da virtude. No trânsito desenfreado dos carros das grandes cidades, na interação com os vendedores e pedintes dos sinais de trânsito, nos trabalhos comunitários, no enfrentamento às ameaças de corrupção e no trato com os percalços da burocracia. Não se esquecer também de coibir os nossos instintos de arrogância, ressentimento ou ódio. É preciso haver calor humano nas relações. Toda esta ética cidadã jamais nos será conferida pelo Governo. Quando muito, nos darão o exemplo. Quando se habilitarem.

Consciência Planetária: Fronteiras Políticas, Econômicas e Valores Culturais

Quando eu criei o Conscius – Programa de Gestão da Consciência (www.conscius.com.br), um dos tópicos previstos era a consciência planetária. Certa amiga, bastante inteligente, culta e espiritualizada, me alertou: *Não coloca planetária, não, muita gente vai achar que é picaretagem.*

Se bem entendi as ponderações dela, meu programa poderia ser confundido com algum tipo de espiritualismo barato, ou com algum pensamento fora do contexto nacional, fora das preocupações do nosso próprio umbigo, coisas assim.

Eu não discuti, mas coloquei. Coloquei porque existem questões de ordem puramente práticas quanto ao planeta. Depois, porque há realmente uma espiritualidade a ser discutida e desenvolvida.

Comecemos pelos aspectos práticos: a globalização normalmente traz primeiro a cultura, depois o comércio. E trata-se de um processo irreversível. Não é inteligente lutar contra ele, mas sim minorar os seus prejuízos e valorizar os seus benefícios.

É óbvio que estamos caminhando para um mundo sem fronteiras. As evidências estão acontecendo a toda hora: formação de grandes blocos comerciais, lançamento do euro, flexibilização na Organização Mundial do Comércio (embora mais lenta do que gostaríamos), abertura comercial da China, crescimento do turismo internacional (temporariamente prejudicado pelo terrorismo ou por fatores econômicos), democratização da internet e formação de uma cidadania planetária. Pode ser mais cedo, pode ser mais tarde, mas estamos nos tornando cidadãos do mundo. Alguns já se consideram assim há muito tempo.

Isto não significa que estamos perdendo os nossos valores culturais, regionais. Continuamos a torcer pelo Flamengo, pelo Corinthians ou pela Seleção Brasileira, continuamos curtindo o Carnaval ou a bossa-nova. O que não adianta é tentar preservar valores culturais que são mais fracos. Nossa língua jamais será a língua dos puristas depois de Hollywood e da internet. Jamais deixaremos de ser influenciados pelo inglês ou pelo americano enquanto o nosso *software* for *Microsoft Word*, para citar apenas um exemplo.

Também não acabam as administrações regionais – para elas sempre haverá funções importantes. E não interessa ter uma governança mundial, como pode desejar a ONU, enquanto o seu Conselho de Segurança, por exemplo, for composto de países que respondem pela exportação de mais de 80% das armas convencionais produzidas no planeta. Queremos, isto sim, governos locais responsáveis e cada vez menos interventores. Queremos governos reguladores, pró-ativos e interativos, que conversem com os seus cidadãos de igual para igual, pois eles deverão saber do que precisam.

Em outras palavras, permanecemos com a nossa brasilidade, que nos é tão cara, mas consumimos também cultura alheia, queremos viajar, comerciar, atrair investidores, fazer com que o pedaço de terra onde vivemos seja rico, sustentável e agradável, havendo ou não havendo fronteiras políticas, sejam elas reais ou virtuais.

Alguém poderá argumentar: *Mas o México aceitou abrir suas fronteiras e é um país de grandes desigualdades.* E qual não é? Até nos Estados Unidos 6% das crianças nascem pobres. O que produz desigualdades econômicas e sociais não é apenas o comércio internacional que pode, sim, ser desumano. É principalmente o capitalismo selvagem que existe fora e dentro dos países. É o processo de acumulação de riquezas dos dominadores, principalmente os internos, que canibaliza os pobres.

Agora mesmo estamos assistindo a um vigoroso processo de desenvolvimento na China. *É glorioso enriquecer,* diz o líder Deng Xiaoping. O que está acontecendo é muito diferente da eliminação de desigualdades sociais. A China ainda tem por volta de 800 milhões de pobres e 100 milhões de miseráveis. De qualquer forma, uma parcela considerável da sua população está sendo beneficiada.

Então, os estrangeiros querem investir em empresas no Brasil? Que venham. O que não queremos é pedir dinheiro emprestado, ficar presos a uma dívida impagável, reféns do mercado financeiro internacional. Neste aspecto, é bom lembrar que o Estado brasileiro ainda concentra muita riqueza e muito poder que não deveria estar com ele, porque não é competente para gerir tanta coisa. Energia, estradas, distribuição de água, coleta de lixo, esgoto, administração de parques e reservas ecológicas, bancos, petróleo – ainda há muito campo para investimentos privados nacionais ou internacionais, que sejam vantajosos para o povo brasileiro.

Uma ressalva: vantajosos, vantajosos de fato os investimentos serão quando as empresas forem sócias da sociedade como um todo, não apenas instituições voltadas para o umbigo dos seus acionistas. Neste jogo, o consumo precisa ser transformado em capital.

O Fim das Fronteiras

> *A alma não tem nacionalidade. Todas as almas têm uma única pátria espiritual. O corpo não tem nacionalidade. Todos os corpos têm uma única humanidade.*
> Pierre Levy em *A Conexão Planetária.*

Em 1975 não havia fax, internet, computador pessoal, videocassete, telefone celular, videogame, *walkman,* caixa automático, *compact disc.* Todas essas invenções maravilhosas certamente facilitaram muito a nossa vida. Difundiram informação, conhecimento, lazer. O mundo ficou mais eficiente, mais rápido, mais frenético. E a nossa consciência ficou mais internacional.

Algumas novas invenções já existem e em breve estarão mais difundidas: TV de alta definição, interativa, integrada a computador e telefone, todos os celulares do mundo conectados, telecirurgia à distância, videofone de pulso, sistema portátil de tradução em tempo real, dentre outras maravilhas. Com certeza, essas invenções vão ajudar a nossa vida, nos proporcionar mais conforto e, algumas delas, mais uma vez, vão nos tornar mais internacionais. A eletrônica está nos proporcionando a democratização do conhecimento e maior proximidade com pessoas do mundo inteiro.

Revolução igualmente significativa, em que pese os reveses sofridos em função do terrorismo, tem sido o incremento da atividade turística. Essa indústria era uma das que mais crescia no mundo e poderá retomar sua atividade plena no futuro. Cada vez mais pessoas podem viajar e o fazem regularmente, até mesmo por necessidade. As mentes se abrem, as diferenças são aceitas e até mesmo valorizadas. As fronteiras começam a perder sentido. Afinal de contas, para que desejamos um passaporte? As alfândegas e os serviços de imigração pseudo-protegem os países de visitantes ou produtos indesejáveis. Mas, quando as nações, a exemplo do que já começa a acontecer na Europa, estabelecem a livre circulação de mercadorias e pessoas e unificam a moeda, fronteiras vão se alargando até que não existam mais discriminados e o mundo possa ser mesmo um só. Ou melhor, neste caso, até que a Europa possa ser uma só. Os demais cidadãos só virão depois.

A internet está ajudando muito as pessoas a compreender que estão num mundo único. E o turismo, por ser uma experiência muito mais rica, mais ainda. A interatividade nos faz partícipes de tudo que ocorre no planeta. Está aberto o caminho para a nossa universalização, embora não possa ser a curto prazo, pelo simples fato de que não estamos todos preparados, as desigualdades são imensas.

Ninguém precisa perder a identidade com a sua cultura original e com aqueles que são próximos, mas não faz sentido querer fazer do seu bloco um gueto. Fronteiras são meros entraves burocráticos na nossa vida de cidadãos mundiais.

O Espírito Universal

No momento em que passamos a compreender nossa condição planetária, assim como nossa irmandade internacional, um grande salto de consciência acontece.

Quem analisa é Leonardo Boff:

> *A globalização se insere dentro desta perspectiva universal. Os seres humanos que estavam dispersos em suas culturas, confinados em suas línguas e estados-nações, agora estão voltando de seu longo exílio rumo à casa comum que é o Planeta Terra... O ser humano, devido à educação ecológica incorporada em todas as instâncias, será mais sensível, mais compassivo, mais respeitoso e mais cooperativo... O ser humano é também espírito, aquele momento da consciência no qual ele se sente parte e parcela do Todo, ligado e religado a todas as coisas.*

Claro está que o pensamento de Leonardo Boff é perfeitamente factível, porém futurístico. Nesta primeira década do século XXI o que se vê é uma desumanidade fora do comum. Falta muita distribuição de riqueza e muita educação, inclusive ambiental, para que todas as gentes possam se sentir numa casa comum. Falta, sobretudo, o desprendimento dos dominadores, sejam eles governos, empresas ou cidadãos (ou todos juntos), para promover desenvolvimento humano em todo o mundo.

Ainda não conseguimos nem ao menos o cumprimento da Declaração Universal dos Direitos Humanos, um documento escrito há mais de 50 anos e, teoricamente, aceito por todos.

Consciência Cidadã

O Estado não pode ser tão grande, nem tão pesado, nem burocrático. Também não deve ser encarado como um grande Pai, tomador de conta das nossas vidas, responsável por todas as obras, por todos os benefícios que precisamos conquistar. É a mentalidade do Estado paternalista que legitima os desmandos administrativos e fiscais.

O Estado, grande como é hoje, não é necessário nem desejado. Os cidadãos estão evoluindo ao ponto de respeitar o bem comum – controles e comandos não serão mais tão necessários. Mas isto é uma questão de desenvolvimento humano. Não há como precisar o tempo.

Por enquanto, pode-se tentar tornar o Estado interativo. Fazer com que ele divida mais as decisões com a sociedade civil.

De tudo que foi dito, vale reafirmar uma coisa. O governo não tem capacidade de tomar conta de tudo que está nas suas mãos. E os cidadãos e as empresas estão praticamente apáticos quanto a isso. Quando é que vamos assumir a nossa porção de responsabilidade?

Outro aspecto da consciência cidadã está nos pequenos atos do dia-a-dia, no respeito ao próximo, na civilidade, na exigência dos nossos direitos, inclusive como consumidores. A expansão deste aspecto se faz com o tempo, com a maturidade, com a educação, com a prática da harmonia. Cabe a todos nós tentar acelerar o processo.

O leitor já deve ter notado que eu faço várias citações a Cristovam Buarque neste livro. Não é para menos. Além de ser um pensador brilhante, absolutamente consciente da necessidade de melhorarmos como um todo, ele é daqueles indivíduos que não apenas cumpre a lei, faz o certo. Quem noticiou foi Elio Gaspari: como senador, ele teria direito a um salário de R$12.720, mas recebeu o cargo de Ministro da Educação, cuja remuneração é de R$8.280 mensais. Ele poderia optar. Optou pela função que estava realmente exercendo e passou a receber menos.

Alguns poderão exclamar: *É trouxa!* Mas o erário público agradece pelo dinheiro e a nação pelo exemplo.

Tolerância Zero

Circulam na internet algumas pérolas de cidadania atribuídas ao prefeito de New York, Rudolph Giuliani, há uns dez anos atrás. Adaptando para a realidade brasileira, ficam assim:

Você quer acabar com a corrupção em todas as instâncias?
Contribua: nunca suborne nem aceite suborno.

Você acha um absurdo os roubos de carga, inclusive com assassinatos dos motoristas?
Dificulte: exija a nota fiscal em todas as suas compras.

Você acha um absurdo o poder dos marginais?
Empobreça o sistema: não consuma drogas.

Você acha um absurdo o enriquecimento ilícito?

Participe: denuncie à Receita Federal aquele vizinho que enriquece repentinamente. Não o admire, repudie-o.

Você acha um absurdo que qualquer chuva alague a cidade?

Ajude: jogue o lixo nas lixeiras.

Você acha um absurdo haver cambistas nos eventos esportivos e espetáculos?

Suprima: não compre deles, nem que perca o acontecimento.

Você acha um caos o trânsito da sua cidade?

Faça o mínimo necessário: nunca feche o cruzamento, cumpra todas as leis de trânsito.

Consciência Ecológica

Esta já vem se desenvolvendo desde a segunda metade do século passado. Mas, em pesquisa recente, descobriu-se que 50% dos brasileiros ainda associam a ecologia apenas a bichos e plantas. O homem e o desenvolvimento sustentável ainda não foram bem compreendidos. Falta educação ambiental, sem dúvida alguma.

Eu começaria pelo seguinte: vamos mudar o nome do Ministério do Meio Ambiente para Ministério da Vida. Isto explica metade da Missa. Nada de meio ambiente, biodiversidade, desenvolvimento sustentável: são expressões incompreensíveis para muita gente. Vamos falar de vida, da riqueza da floresta, de como os bichos e as plantas podem nos salvar ou enriquecer, da importância da água, de que precisamos preservar nossas riquezas para os nossos filhos. Tom Jobim jamais usou a palavra biodiversidade, certo?

Finalmente, vamos falar da necessidade de sermos todos brasileiros neste aspecto, da nossa obrigação de não comprar animais silvestres, de não sujar, de não desperdiçar, de denunciar: a vida não é só dos bichos ou das plantas; a vida é também do ser humano e para que ela exista há necessidade de um perfeito equilíbrio entre todos.

Se os rios são preservados, se não desmatamos junto às nascentes ou nas suas margens, se preservamos as plantas e os bichos para nossas futuras pesquisas, então estamos assegurando a nossa vida e dos nossos filhos. Esta é a educação que todo mundo entende.

A nova filosofia declarada pelo MMA é a transversalidade. Isto é importantíssimo, até porque nunca houve e parece que ainda não começou. O Ministério da Vida deveria ser o ministério mais importante da Esplanada. Teria que estar transverso na política de todos os ministérios. Se pensarmos nas gerações futuras, nós não temos nenhum ministério mais importante do que o MMA. Vai cuidar de energia? Pense primeiro no Ministério da Vida. Política Industrial? Como é que impacta o Ministério da Vida? Educação? FHC sancionou uma lei, no final do seu mandato, colocando a educação ambiental como obrigatória. Está sendo executada? Parece que não. Como é que Brasília pode cuidar das escolas do Brasil inteiro?

Mas, se as empresas assumissem a sua parte da responsabilidade, junto com os governos estaduais e as prefeituras, por certo já teria acontecido. Podiam começar editando um livro sobre o Ministério da Vida para os estudantes – um para cada nível de compreensão. Será que é tão caro assim que não apareça quem patrocine? Precisa incentivo fiscal?

Não esquecer que na cartilha do BIRD, proposta para o Brasil, um dos cinco itens é gerenciar os recursos naturais do país (leia-se Amazônia e muito mais).

O que não pode ocorrer é a vitória da burocracia. Debaixo do conceito de transversalidade está o poder do Ibama em fornecer laudos sobre impactos ambientais de obras públicas e privadas e autorizá-las. Que este poder não seja usado para travar o desenvolvimento, sem justa causa.

Nós Vamos Chegar Lá?

Eu não tenho dúvidas de que todos os níveis de consciência apontados neste capítulo estão sendo atingidos pela raça humana. Mas como acelerar o processo? Quando criei o Conscius – Programa de Gestão da Consciência, (www.conscius.com.br) desenvolvi algumas idéias que considero válidas para este fim. A sociedade, por sua vez, tem criado inúmeras outras.

Capítulo 9

Formando Consciência Através da Mídia

Por que a mídia? Pelo seu alto poder de cobertura e freqüência junto ao público, pelo impacto que gera, pelo seu poder multiplicador, pela sua capacidade de influenciar a política.

Grande Prêmio da Paz

Uma idéia de simples execução foi arquitetada pelo Conscius. Duas organizações da ONU – Pathways to Peace e We The Peoples – foram chamadas a apoiar a criação do Grande Prêmio da Paz Sergio Vieira de Mello do Festival Internacional de Publicidade do Rio de Janeiro, promovido pela ABP – Associação Brasileira de Propaganda.

Todos os anos, este festival recebe mais de 3 mil inscrições – peças de TV, rádio, jornais, revistas e mídia exterior, dos mais diversos produtos e serviços, veiculadas no Brasil e em dezenas de países de língua portuguesa ou espanhola.

A partir de novembro de 2002, todas essas peças que tenham em seu conteúdo uma mensagem de paz, seja a paz internacional, seja a paz urbana, poderão se candidatar ao Grande Prêmio da Paz Sergio Vieira de Mello. A Petrobras patrocinou a viagem dos primeiros ganhadores para assistir a Conferência anual das ONGs, na ONU.

E mais: a ABP incentiva os veículos para que ofereçam condições especiais de comercialização para esses comerciais que forem veiculados no período de 14 a 28 de setembro. Isto porque em 21 de setembro a ONU comemora o Dia Internacional da Paz.

A vantagem de promoções como esta é o poder multiplicador da mídia. Com o passar dos anos, este Prêmio será cada vez mais importante e poderá veicular mais mensagens do que poderia o nosso mais forte anunciante.

Prêmio da Melhor Consciência

Esta idéia também está proposta no site www.conscius.com.br.

Os veículos de comunicação têm aberto generosos espaços para ONGs e campanhas de interesse público, de uma forma geral. Mas é óbvio que, dentro de um programa de expansão de consciência de todos nós, algo mais abrangente poderá ser feito.

Imaginemos um grande concurso – O Prêmio da Melhor Consciência – que vá premiar os criativos, dentre outros trabalhos, pelas melhores vinhetas de passagem com os seguintes temas:

- Desenvolvimento sustentável.
- Inclusão social.
- Harmonia nas relações humanas.

Um assunto por mês, durante três meses. Durante este período, as emissoras de televisão de todo o país serão incentivadas a valorizar esses temas em suas vinhetas de passagem. Sabem qual o alcance disso, em termos de comunicação e influência junto à opinião pública e ao comportamento?

Vamos fazer um cálculo rápido. No Brasil, as vinhetas de passagem são usadas preferencialmente nos filmes. Somente os dez filmes de longa-metragem mais assistidos em TV aberta acumulam aproximadamente 177 GRPs (pontos de audiência bruta) por semana. Se tivermos 10 vinhetas por exibição (abertura e encerramento de cada intervalo), vamos chegar a índices bastante altos de audiência.

E o concurso não precisa limitar-se a vinhetas de passagem. Pode incluir também "calhaus" de trinta segundos (espaços ociosos, geralmente cobertos por chamadas das próprias emissoras) e até mesmo *merchandising* criativo em novelas e outros programas. Estaremos elevando nossa cobertura e freqüência a índices que os maiores anunciantes não costumam alcançar. E as produtoras também poderão participar, apoiando os criativos, como não?

As "top 10" melhores criações de cada mês (três categorias: vinhetas, 30", *merchandising*) também serão exibidas pelas emissoras participantes em seus programas jornalísticos. Os criativos de todas as agências serão chamados a enviar suas idéias e os premiados receberão merecido reconhecimento profissional.

Em síntese, trata-se de usar os espaços ociosos de poderosos veículos de comunicação para "vender" valores humanos. A custo zero, dentro dos programas de Responsabilidade Social desses veículos.

Idéias semelhantes também podem ser aplicadas ao rádio. E nada impede que os jornais, revistas e a mídia exterior também se engajem, premiando as melhores criações das agências de propaganda em favor da expansão da nossa consciência. Os espaços existem e podem perfeitamente ser utilizados para este fim.

Basta que haja um patrocinador para custear os prêmios e as festas de premiação, para garantirmos maior brilho à iniciativa. O custo do patrocínio é irrisório em face do alcance dos concursos.

O Licenciamento do Bem

Vamos pegar o exemplo da Xuxa. Ela começou a fazer programas infantis na TV Manchete. Tinha muito talento, as crianças chegavam a brilhar os olhos quando a encontravam. E ela foi ganhando experiência, maturidade, mais e mais empatia com os seus baixinhos. Acontece que a TV Manchete tinha baixa audiência, ainda não dava para fazer sucesso de verdade. Com a transferência para a Globo, Xuxa ganhou muitos milhões de espectadores a mais, o status e a estrutura de uma grande rede, a conquista definitiva dos baixinhos foi imediata.

As crianças adoravam a apresentadora e este é o requisito obrigatório para um programa de licenciamento de sucesso: o objeto da licença tem que ser adorado pelo seu público: Xuxa, Ayrton Senna, Disney, Turma da Mônica – todos partiram dos mesmos princípios, inclusive exposição consistente e continuada.

Recentemente, a Forum criou *a camisa do Brasil*: Estampou no peito dos compradores as palavras Fé, Respeito, Honestidade, Esperança, Luta. Fez uma campanha com personalidades de prestígio, que doaram seus cachês, esbanjou bom gosto no *design* e lançou o produto a R$49, destinando o lucro a determinadas ONGs.

Fé, Respeito, Honestidade, Esperança e Luta estão começando a ser muito valorizados por uma parte do público. Já conseguem vender camisetas. Mais um pouco, poderão vender outros artigos de vestuário, roupa de cama, mesa e banho, objetos de decoração, jóias e bijuterias e até produtos infantis. E acontece uma coisa muito interessante com esses movimentos: se as empresas não suprirem o mercado, a economia informal certamente o fará. Vão aparecer bandeiras, faixas, bandanas, camisetas, bonés e o que mais a imaginação inventar vendendo valores de conduta humana nas mãos dos camelôs. Tanto quanto na Copa do Mundo.

Quer facilitar a coisa? Crie uns produtos e consiga que eles sejam usados por alguns personagens de novela. Reforce o movimento em passeatas e outras manifestações de rua. Convença as empresas de ponta a produzir coleções, justamente aquelas que têm os canais de distribuição mais capazes de abastecer o mercado.

Se os lucros forem doados, fica mais fácil a adesão de todo mundo e a cobertura da imprensa. Se não forem, mesmo assim pode ser que os produtos façam sucesso. E se fizerem, ótimo. Importa que os valores morais sejam adotados pelas pessoas em suas roupas e em seu dia-a-dia.

Outra empresa que teve uma iniciativa semelhante foi a Wal-Mart. Lançou a campanha "Uma Mão Para Quem Tem Fome", em parceria com a instituição Ten Yad. Personalidades foram convidadas a criar camisetas com a marca da campanha: Jô Soares, Maurício de Souza, Gilberto Gil, Kaká, Rita Lee e outros. O fruto da venda é direcionado para a Ten Yad e seus programas.

Já imaginaram se todas as empresas, privadas e públicas, distribuírem a todos os funcionários um broche com a inscrição "Digo Não à Corrupção!"?

Coisas simples e baratas podem ter resultados de vulto.

Prêmio Nossa Água, Nossa Vida

O raciocínio parte de um princípio básico: existem vários programas ambientais em favor da água em nosso país, alguns beneficiados por verbas consideráveis de patrocínios. Mas quantas organizações existem trabalhando pela água, algumas muito boas, mas que não vão ser contempladas? Quantas organizações existem trabalhando pelo meio ambiente, mas não especificamente pela água, e poderiam ser estimuladas a fazê-lo? Quantas organizações trabalham por um mundo melhor, de uma forma geral, e poderiam se interessar pelo tema água? Não será nenhuma ousadia afirmar que são milhares.

E se a gente trouxesse todas elas para trabalhar conosco, sem precisar patrociná-las? E se a gente criasse uma grande mobilização nacional sobre o tema, utilizando milhares de organizações como uma grande alavanca para a educação ambiental e o desenvolvimento sustentável?

Vejamos como é possível.

O "Prêmio Nossa Água, Nossa Vida" é um Concurso de Excelência entre organizações. Procuraremos a maior abrangência possível, interessando milhares de concorrentes.

1. Buscando inscrições para o Prêmio; Mobilizando as ONGs

    1.1. Mapear na internet todas as organizações da sociedade civil que se dediquem ao meio ambiente e, mais específicamente, à água. Reparem que não estamos falando apenas de educação ambiental, mas também de preservação e recuperação do recurso água.

    1.2. Criar um database também das organizações que trabalham "por um mundo melhor", lutando pela paz, pela igualdade social e outras causas, dentre elas o desenvolvimento sustentável.

    1.3. Incluir no database todos os prefeitos dos municípios brasileiros, para que eles sejam estimulados a ajudar as organizações da sociedade civil.

    1.4. Mapear também as principais organizações internacionais com a finalidade de obter apoios institucionais, troca de informações e conhecimentos. As esposa do ex-presidente Mitterand, por exemplo, dirige uma organização na França que se dedica exclusivamente à água. Ela poderá ser uma parceira importante.

1.5. Criar um sistema de comunicação na internet (um ano na primeira etapa) para todas essas organizações, com o objetivo de recolher as inscrições do Prêmio e estimular a troca de informações e conhecimentos, bem como as ações específicas e preservação e recuperação. O nosso *hotsite* e demais ações previstas deverão ser um instrumento de *benchmarking* entre as organizações.

1.6. Criar um *Newsletter* mensal eletrônico, que vai destacar os principais feitos dessas organizações e o andamento dos seus projetos concorrentes ao Prêmio. Este *Newsletter* estará no *hotsite*, mas será enviado também por e-mail marketing para todos os cadastrados e jornalistas.

2. As ações que vamos pedir às Organizações acima

A participação no "Prêmio Nossa Água, Nossa Vida" é a ação maior, mas a mobilização das organizações da sociedade civil permite mais. Vejamos:

2.1. Abaixo assinado eletrônico para todos os partidos políticos, solicitando que eles concordem em dedicar parte do horário político no rádio e na TV para mensagens visando a valorização e preservação da água.

2.2. Abaixo assinado eletrônico para a Radiobrás, para que inclua a preservação da água, todos os dias, na Hora do Brasil, durante pelo menos quatro meses. Ações de todas as organizações envolvidas no "Prêmio Nossa Água, Nossa Vida" poderão ser divulgadas, como exemplo para toda a população brasileira.

2.3. Os critérios de avaliação do "Prêmio Nossa Água, Nossa Vida" vão incluir todas as ações de mobilização aqui propostas. Outra ação que será solicitada às organizações é para que elas estimulem os jornalistas locais/regionais para que conheçam as suas realizações.

2.4. Propaganda gratuita: abaixo-assinado eletrônico para várias instituições de classe, visando a concessão de um desconto especial a todos os anunciantes que veicularem anúncios sobre a conscientização e preservação do recurso água durante dois anos. Dentre outras, serão acessadas a ABP – Associação Brasileira de Propaganda, ABAP – Associação Brasileira das Agências de Propaganda, ABERT – Associação Brasileira das Emissoras de Rádio e Televisão, ANJ – Associação Nacional dos Jornais, ANER – Associação Nacional dos Editores de Revistas e Central de Outdoor.

3. Ações diretas com jornalistas/autoridades/classe política

   3.1. Fornecer um *folder* para jornalistas com todas as informações relevantes sobre o recurso água e sobre o "Prêmio Nossa Água, Nossa Vida", que serão distribuídos por mala direta e por ocasião das visitas, palestras e encontros com a imprensa.

4. Ações com o público em geral: o mesmo *hotsite* que funcionará como canal de comunicação com as organizações terá também uma área bastante completa sobre o recurso água, funcionando interativamente: consultas, *quiz*, enquetes, *chats*. Os *chats* são particularmente importantes para a interação entre todos.

5. Envolvimento político: claro está que todas as ações de mobilização acima vão ficar evidentes nas cidades, no campo e na mídia. O interesse político será diretamente proporcional à quantidade e à qualidade da mobilização aqui proposta. A classe política fará demandas, proporá leis, aprovará obras.

   Este projeto foi desenvolvido em parceria: Conscius/Instituto Cultural Cidade Viva.

"Dê uma Chance a Quem é Informal"

Associações empresariais de todos os grandes centros urbanos do país lançam uma campanha de comunicação para que as empresas empreguem pelo menos uma pessoa que hoje é camelô.

Material de ponto-de-venda será distribuído àqueles que se engajarem: "AQUI UM INFORMAL TEM A CHANCE."

Este projeto foi desenvolvido pelo Conscius.

Ações Afirmativas: "Dê uma Chance aos Negros"

Não precisamos estabelecer uma porcentagem, como nas universidades. Apenas a conscientização para que o processo se acelere. Tudo acontece a partir da solicitação das associações ou sindicatos classistas.

Particularizando a Educação: A Influência da TV e Outros Meios na Educação

O simples fato de *"zapear"* entre os canais da TV nos oferece uma avalanche de violência. Se aceitamos a idéia de que a educação promove o ser humano, estamos educando às avessas.

É desnecessário comentar o mal que a promoção da violência pode causar ao desenvolvimento humano. Até porque, na maioria das vezes, o cinema e a TV demonstram os atos violentos dos mais fortes, do ponto de vista da vitória. Poucas vezes espelham a violência do ponto de vista do agredido, aquele que perde e sofre.

A violência nunca é benéfica. Só o entendimento pode ser.

A TV reflete a sociedade atual, nossos modos e costumes, nossa maturidade, inclusive – o que ela não deveria fazer é caricaturar esses modos no que diz respeito à violência.

Já houve, no Brasil, alguns movimentos contra a violência na TV, tais como boicotes à programação num determinado dia, debates acalorados, artigos nos jornais, mas nada que desse certo até hoje. Violência é o principal entretenimento que nos oferecem. E a gente acaba gostando, assim como nossos filhos.

Este é o grande problema. Se a sociedade é movida pelo lucro, enquanto der audiência vão vender comerciais e repetir a fórmula da programação.

Se queremos realmente reduzir a violência na TV, temos que começar pelos Estados Unidos, que são os maiores produtores. Nosso companheiro no Conscius, Paulo Peregrino, deu uma idéia para pensar: taxar os intervalos comerciais dos programas violentos em 20% e reverter este dinheiro para descontos em outros programas de entretenimento saudável e programas educativos. Maquiavélico: progressivamente, os anunciantes deixariam os programas violentos, as emissoras teriam menor interesse em colocá-los no ar, a indústria deixaria de vender.

Observação: A influência maléfica da televisão sobre os adolescentes, em termos de violência, foi recentemente comprovada por estudo científico empreendido por pesquisadores da Universidade de Columbia e do Centro Médico Monte Sinai, publicado na revista *Science* em março/2002.

> *Vimos que o ponto de transição estava entre menos de uma hora e mais de uma hora de TV por dia. A partir daí o risco de se envolver em alguma atividade violenta na adolescência e juventude mostrou-se quatro vezes maior.*
>
> Jeffrey Johnson, Columbia University

Capítulo 10

Promovendo Expansão da Consciência pela Própria Sociedade

A ONU faz isto sempre, ao promover o Ano Internacional da Mulher, do Voluntariado, da Água, etc. E os resultados costumam ser bons.

Então, vejamos:

- Ano Nacional da Consciência Ética
- Ano Nacional da Consciência Social
- Ano Nacional da Cidadania

Se, aqui no Brasil, começarmos por estes três, já está bom. O Presidente da República lança, as ONGs apoiam, os governos estaduais e prefeituras também, leis são criadas, empresas aderem com interessantes projetos promocionais, a mídia dá cobertura, as escolas incentivam trabalhos escolares. Enfim, todos são convocados a promover ações educativas, motivadoras, afirmativas em torno dos temas:

- ética na política, ética nos negócios, ética na vida;
- inserção social, Responsabilidade Social e tudo que isto significa – não estamos falando simplesmente de ações caritativas;

- cidadania: do Governo para o povo, do povo para o Governo, do povo para o próprio povo. Vamos lembrar que cidadania tem a ver com direitos. Os direitos do consumidor, do trabalhador, do torcedor, do velho, da criança, de todos.

A Tão Necessária Inclusão Digital (Com Geração de Renda e Auto-sustentabilidade)

Em comunidades carentes, os jovens querem muito a inclusão digital e existem projetos neste sentido. Mas eles também querem se dedicar aos estudos e ao seu desenvolvimento no mundo da informática em tempo integral. Muitas vezes não podem, porque têm que trabalhar. De R$50,00 a R$100,00 mensais para cada um deixaria todos liberados para estudar e produzir com a tecnologia da informação.

A idéia é criar Centros Digitais para prestar os seguintes serviços principais:

1. Digitação de textos, teses, monografias e documentos para pessoas físicas e jurídicas; cópias, encadernações.
2. Prestação de alguns serviços simples, característicos dos *bureau* de computação gráfica, tais como a produção de cartões de visita, pequenos folhetos e outros impressos comerciais.
3. Geração de conteúdo editorial local para toda a imprensa e a sociedade conhecer, como *insider*, o "lado de lá".

A partir do investimento inicial em montagem e equipamentos, talvez doados pelas comunidades não carentes, este projeto será auto-sustentável. O *bureau* deverá gerar superavit operacional pela venda dos seus serviços, mesmo destinando prêmios ou salários àqueles que passarem pela "alfabetização digital" e que depois possam prestar serviços neste novo empreendimento.

A organização responsável deverá estimular as doações de equipamentos à comunidade carente, bem como promover a empregabilidade formal dos seus "alfabetizados digitais", "geradores de conteúdo", "técnicos em computação gráfica" e outros trabalhos característicos de um *bureau*.

Este projeto foi criado e detalhado em parceria: Conscius/ONG "Desatando os Nós do Rio".

Os Boicotes ao Consumo

Não comprem Coca-Cola, quebrem o McDonald's – as palavras de ordem podem vir como um protesto contra a guerra empreendida pelos Estados Unidos, ou podem ser uma reação à globalização.

Sem dúvida alguma, são uma expressão da opinião pública que, conforme já vimos, é poder. Mas soam mais como um tiro no pé. Ora, se a economia já está globalizada, Coca-Cola e McDonald's são apenas marcas. Os franqueados são brasileiros, os empregados são brasileiros, a economia é brasileira. Ao interromper o consumo do refrigerante sem substituí-lo por outro, o mais que estamos fazendo é levar fábricas à falência e pessoas ao desemprego.

Entretanto, nos países muçulmanos, criaram uma solução muito mais inteligente: Mecca-Cola, um refrigerante local *politicamente correto*. Os empregos vão de uma fábrica para outra. Se a moda pega, a sociedade de consumo, tão incentivada pelo Tio Sam, poderá pegá-lo de calças curtas, tornando-se uma força política nada desprezível.

Outro tipo de boicote pode não ser político, e sim relativo à consciência dos consumidores quanto à atuação de empresas dentro da sociedade. A Nike já foi rejeitada por empregar mão-de-obra escrava na Ásia. Fabricar tênis por aquele povo miserável a US$0,11 por hora era possível. Jurídica e infelizmente, era perfeitamente possível. Depois era só colocar esses tênis no mercado em condições super competitivas. E não havia quem recusasse a distribuição. Então, o que acontecia é que a Nike era escravagista na China e estava tirando empregos de pessoas dignas em outras partes do mundo. Um agente terrorista.

Muito se tem escrito sobre a construção de marcas, hoje em dia. Existem técnicas muito sofisticadas para desenvolvê-las, firmá-las, valorizá-las. A desconstrução também pode acontecer, por ações desastradas como as da Nike, se forem continuadas, se nada for feito para consertar os erros.

Conforme já disse, não vejo qualquer vantagem em boicotar uma empresa americana no Brasil porque o Sr. Bush resolveu bombardear o Iraque. Acho que a arena de discussão com ele deve ser diferente do prejuízo que possamos causar às fábricas brasileiras de origem americana e aos empregos que elas geram por aqui.

Mas empregar mão-de-obra escrava é outra conversa. Fraudar balanços também, empregar crianças, idem. Pode-se desfilar um sem número de atos imorais, alguns amorais. São ações deliberadas de uma determinada empresa que ferem o Capital Moral de todos nós. Boicotar as suas marcas é perfeitamente legítimo.

O Estresse, ou a Consciência sobre Nosso Próprio Físico

O médico Gilberto Ururahy escreveu um interessante artigo sobre o estresse. Resumimos aqui as suas principais conclusões e previsões:

- O homem trabalha cada vez mais, compete cada vez mais e vive num ambiente de mudanças cada vez mais agressivas. O estresse é uma resposta à incapacidade de se adaptar à rapidez com que se altera o meio ambiente.
- O estresse custa entre US$200 e 300 bilhões por ano às empresas americanas. Perto de 80% dos americanos se dizem estressados. O estresse é o principal fator de risco para doenças cardíacas e tende a aumentar.
- Para seu próprio alívio, as pessoas precisarão buscar uma vida familiar mais harmônica, buscar a descontração, o humor e o riso, buscar mais o convívio dos verdadeiros amigos, praticar esportes, ter sono regular, alimentação equilibrada, evitar o tabagismo, o café e as drogas, evitar as pressões que nos impomos no trabalho para mostrar serviço e, principalmente, hierarquizar melhor nossos valores de vida.

Felizmente, a Saúde Tende a Melhorar

O Dr. Horacio Arruda Falcão escreveu outro interessante artigo em O Globo sobre a nossa saúde:

- O foco da medicina está sendo deslocado da cura para a prevenção – menos hospitais, maior consciência dos pacientes sobre o processo preventivo, maior qualidade de vida e aumento da vida média da população.
- A medicina genética elevará a média de idade dos seres humanos, pois estão sendo identificados e tratados os genes hereditá-

rios causadores de doenças. Nossa expectativa de vida média tende a 120 anos em futuro não muito distante.

- A sociedade está mudando seus hábitos em direção à saúde. O culto ao corpo está provocando o combate à obesidade, mais exercícios físicos e dietas alimentares mais saudáveis; mais e mais pessoas praticando esportes está se constituindo num fator importantíssimo de saúde.
- Já existe o naltrexone, um remédio que inibe a compulsão pela bebida.
- O combate ao tabagismo pela sociedade é cada vez maior.
- Com o Viagra e seus similares estão sendo provocadas positivas alterações na estrutura de relacionamento dos casais, aumentando a auto-estima e proporcionando novas manifestações de amor e prazer.

Esta sociedade mais saudável, justamente aquela parcela que também conseguir vencer o estresse, tem melhores condições de ser mais vigorosa, muito mais disposta a desfrutar a vida.

Então, Vamos Incentivar a Prática dos Exercícios

As coisas já estão acontecendo, mas é possível acelerar o processo.

Os esportes não são assim tão fáceis de difundir. Uma parcela da população ainda é completamente sedentária e tende à obesidade. Para desenvolver a prática esportiva é preciso comunicação, organização e dinheiro. No passado, todos se lembram da campanha "MEXA-SE". Podemos dizer que foi um marco da consciência necessária. Hoje em dia, há um sem número de reportagens e anúncios que nos lembram da mesma necessidade. A eles vamos somar uma nova campanha para mobilizar mais.

A idéia é convencer as empresas que o incentivo aos exercícios físicos também pode estar inserido em seus programas de Responsabilidade Social. Assim, inúmeras ações podem ser implementadas em proveito da sociedade. Alguns exemplos:

1. Este não é novidade, mas precisa ser mais difundido: entramos numa fábrica e convencemos o Diretor de RH a ensinar seus

empregados a fazer exercícios e massagens relaxantes uns nos outros. Se ele passar a permitir que, de 2 em 2 horas de trabalho, possa haver 10 minutos de pausa para essas práticas, então teremos ganho um grande contingente de trabalhadores para cuidar melhor do seu corpo.

2. O Brasil tem mais de 10 milhões de internautas. Então vamos exercitar a interatividade. Vamos colocar na tela dos provedores de acesso à Internet (UOL, Terra, AOL, IG, outros), de tempos em tempos, uma mensagem para que os seus assinantes levantem um pouquinho e se exercitem. Pode acompanhar a possibilidade de um clique para imprimir um pequeno livrinho ensinando exercícios rápidos. E um outro clique para navegar em telas que relacionem exercícios com saúde, exercícios com esportes de competição e as práticas de alongamento.

3. A Sul América e o jornal *O Globo* promovem vários concertos de música clássica por ano. O Pão de Açúcar promove shows de música popular nas praias, a Octagon Koch Tavares monta arenas para jogos de *beach soccer*. Toda semana temos jogos de futebol no Brasil todo. Em todos os eventos como esses, as platéias ficam horas sentadas esperando o início. As empresas promotoras podem muito bem animar as platéias com exercícios físicos sem que as pessoas precisem perder seus lugares. Algumas já estão fazendo isto.

4. Com a ajuda de uma rede de televisão, podemos incentivar a criação dos "Voluntários do Corpo", jovens para dar aulas de ginástica nas praias e praças de várias cidades brasileiras em horários predeterminados, tudo muito bem organizado.

5. Esta outra experiência vem do Canadá. A Health Canada e a Canadian Society for Exercise Physiology promovem amplo programa de conscientização da população sobre a necessidade dos exercícios físicos. No seu *site* na internet, têm uma área para *quiz* – perguntas e respostas para testar o conhecimento da população sobre que exercícios fazer e como fazer. Trazendo a idéia para o nosso país, como primeiro exemplo, por que não pedimos ao Silvio Santos para colocar várias perguntas sobre exercícios e saúde nos seus programas de auditório, como o *Show do Milhão*, por exemplo?

Capítulo 11

A Expansão da Consciência Através da Política

A política, assim como a mídia, é um instrumento multiplicador de opinião dentro da sociedade. Mais que isto, só ela tem o poder de implementar certas coisas.

Desenvolvemos, então, as seguintes propostas no Conscius – Programa de Gestão da Consciência:

1. *Junto a Prefeitos/Vereadores*
   - Uso de parte do horário político gratuito para educação ambiental.

2. *Junto a Governadores/Deputados Estaduais*
   - Promoção de um debate profundo sobre o uso e conservação da água.

3. *Junto ao Congresso Nacional*
   - Oficializar o Dia Internacional da Paz – 21 de setembro, que já é promovido pela ONU, para que seja comemorado também em todas as instituições de ensino do país.

   Apoio: pathwaystopeace.org e wethepeoples.org, uma iniciativa da ONU para promover a paz.

4. *Junto ao Presidente da República/Ministros*
   - Dedicar um espaço para o ensino da ética, todos os dias, na Hora do Brasil.

Capítulo 11

A Expansão da Consciência Através da Política

Capítulo 12

Poder Cerebral e Desenvolvimento Espiritual

A cena é comum hoje em dia. A gente entra no correio eletrônico da empresa, faz um pedido com dez cópias para departamentos diferentes, um deles tem uma dúvida e nos envia um *e-mail* com cópias para todos os outros. A gente responde para todo mundo e o trabalho progride com incrível rapidez.

Da mesma forma, podemos participar de um grupo de estudos via internet e estar presentes em vários países ao mesmo tempo, expondo nossos trabalhos, trocando idéias. Médicos podem cooperar do Brasil aos Estados Unidos – todos são, de uma certa forma, onipresentes.

No passado, costumava-se dizer que as únicas maneiras de um pobre ficar rico eram ganhar na loteria, roubar, jogar futebol ou cantar. No panorama da Revolução Industrial, isto era bem verdadeiro. Mas, na Era do Conhecimento, não é mais. Criou-se uma nova forma de proporcionar riqueza àquele que nasceu pobre – ser inteligente, ser consciente.

O poder cerebral é o mais novo ativo econômico das sociedades pós-industriais. Com ele e com a eletrônica, podemos trabalhar para uma empresa distante, podemos prestar serviços de monitoramento e aconselhamento a vários clientes ao mesmo tempo, podemos adquirir reconhecimento e poder político editando nossas próprias idéias, podemos comprar e vender com relativamente pouco capital, podemos, enfim, empreender uma série de coisas, atingindo "n" *prospects* simultaneamente, a partir de investimentos financeiros mínimos.

Se o poder cerebral passa a ser um ativo econômico, assim como o prédio, as máquinas, os estoques ou os veículos, então é de se supor que as pessoas vão querer desenvolver melhor esse ativo. Investir em educação, e educação durante a vida inteira, é o óbvio ululante, e já se fala muito nisso.

Mas o que dizer das técnicas de concentração e relaxamento, da inteligência emocional, do desenvolvimento da espiritualidade, das práticas de meditação, do estudo e da prática da parapsicologia? Tem gente se auto-desenvolvendo em função da sua própria busca, tem gente se desenvolvendo por razões puramente capitalistas. É uma questão de ter ou não ter mais habilidades. Além da onipresença proporcionada pela eletrônica, as pessoas estão buscando a onisciência...

Temos vivido uma era de grandes mudanças, e todas muito rápidas. Isto provoca uma certa confusão em todos nós e, em muita gente, uma busca espiritual que tem se intensificado em muitos setores da sociedade. Não necessariamente nas religiões convencionais, mas também em movimentos como o New Age, carismáticos, novas igrejas evangélicas, budistas, muçulmanos e seitas as mais diversas.

E a busca espiritual continua, o que está trazendo mudanças significativas no comportamento de todos nós. A consciência espiritual é a mais nobre de todas e o seu desenvolvimento está acontecendo naturalmente, por todas as razões já citadas, assim como pela aproximação das crenças religiosas com o desenvolvimento científico.

> *Na origem da Criação não há acontecimento aleatório, não há acaso, mas um grau de ordem infinitamente superior a tudo aquilo que podemos imaginar: ordem suprema que regula as constantes físicas, as condições iniciais, o comportamento dos átomos e a vida das estrelas. Existimos através de "alguma coisa"... que se aproxima mais do espírito que da matéria tradicional.*
>
> Jean Guitton, Grichka Bodanov e Igor Bodanov em *Deus e a Ciência*.

Mas as igrejas, sobretudo a Católica, poderiam ajudar mais, praticando rituais mais alegres e atraentes, bem como se adaptando com maior facilidade à vida moderna. Não estamos, com isso, querendo defender o aborto e outras práticas hediondas. O aborto é assassinato, nada mais a declarar. Mas quanto ao uso da camisinha, por exemplo – não há mais espaço para condenar esta prática. Sexo não é só amor. Muitas vezes é busca. Acho que está faltando esta compreensão à Igreja Católica.

As pessoas podem querer voltar à igreja. Mas certamente não querem ser repreendidas por atos que já incorporaram ao seu cotidiano. Nem ao menos se dedicar a rituais tediosos. A sucessão do Papa João Paulo II, que tem se mostrado ora extremamente lúcido, ora excessivamente rigoroso, poderá trazer uma nova visão ao catolicismo, a religião predominante no Brasil, transformando sua imensa massa de fiéis em praticantes.

É de impressionar: a grande maioria da população brasileira acredita em Deus e mais de 70% é católica. Entretanto, nem 20% dos católicos é praticante e calcula-se que a cada ano 600 mil pessoas abandonem o catolicismo. Cresce também o número de pessoas que não professam qualquer religião (embora possam acreditar em Deus).

Tudo indica que a Igreja Católica esteja perdendo a sua força, em primeiro lugar porque se separou do Estado (1890), em segundo pela pouca atratividade dos seus rituais e pela rigidez dos seus dogmas. Em busca de uma vivência religiosa mais alegre, mais emocionante, a Renovação Carismática já atraiu mais de 8 milhões de simpatizantes. E os Evangélicos (protestantes) experimentam um crescimento vertiginoso nas suas igrejas, mesmo que a direção de algumas delas esteja sob suspeita quanto à ética.

Nos Estados Unidos, surgiram recentemente as mega-igrejas, para até 16 mil pessoas, animadas por poderosas caixas de som, onde as pessoas cantam: *Vamos dançar o rock hoje; este lugar já foi uma danceteria muitas vezes, mas jamais foi uma danceteria de Jesus.* Não se sabe até onde esta experiência levará os fiéis – mas o certo é que muita gente está procurando divertimento na prática religiosa, como forma de fugir às vicissitudes do nosso tempo.

Enquanto isso, grande parte dos santos católicos é mártir. Lutou ou morreu em defesa da fé. *Cristo morreu na cruz para nos salvar.* A história das religiões é plena de exemplos em que o sofrimento nos aproxima de Deus. Mas será que, em pleno século XXI, vivendo a cultura que vivemos, vamos ter que acompanhar os antigos em nossa busca espiritual? Fazer longos retiros, jejuar, privar-nos até do essencial, surrar o próprio corpo como faziam na Idade Média, ou como fazem até hoje certos fundamentalistas islâmicos?

Não creio que seja este o caminho. A vida de cada um de nós já nos oferece sofrimento e pressão suficientes. O homem moderno quer encontrar Deus na alegria. Mesmo porque a religião nunca é vinculada apenas ao intelecto. Ela envolve igualmente as emoções, as alegrias: música, canto, dança.

Deus existe na alegria, principalmente porque Deus é Amor e o Amor é contentamento. Então vamos cantar, dançar, sorrir. Vamos balançar nossos corpos, soltar nossos corações. Vamos praticar esportes, vibrar com os esportes. Vamos apreciar as artes, nos emocionar com elas. O paraíso é alegre, é contentamento, é Amor. E é bom lembrar que as virtudes que levam ao contentamento e à boa convivência também levam ao amor: gentileza, bondade, generosidade, fraternidade, compaixão, doação.

Isto é o que precisa ser ensinado. Vide em www.alegriadejesus.com.br, *site* que desenvolvi juntamente com um grupo de artistas amigos.

Precisamos atrair mais gente para as igrejas, pois, além de estimular o desenvolvimento espiritual, elas têm grande capacidade de promover projetos sociais com o engajamento voluntário das comunidades. Em outras palavras, promover desenvolvimento humano.

Vale lembrar também dos judeus, que não são muitos aqui no Brasil (120 mil no ano 2000), mas são econômica e intelectualmente muito influentes. E dos espíritas, do candomblé e da umbanda, que têm mais de 8 milhões de adeptos. E há os que aderiram ao movimento New Age e às religiões orientais. Na verdade, à exceção dos judeus, há uma grande mistura entre todos. É comum, por exemplo, que os espíritas participem de cerimônias católicas e vice-versa. Estima-se que quase um terço da população brasileira freqüenta, vez por outra, um centro espírita.

Seja qual for a religião adotada, acho que existe um aspecto ecumênico em certos textos, expressando sentimentos que são benéficos a todos nós. Reproduzo, então, uma oração encontrada em aramaico.

PAI NOSSO

Pai-Mãe, Respiração da Vida, Fonte do som, Ação sem palavras, Criador do Cosmos! Faça Sua Luz brilhar dentro de nós, entre nós e fora de nós para que possamos torná-la útil.

Ajude-nos a seguir nosso caminho Respirando apenas o sentimento que emana de Você. Nosso EU, no mesmo passo, possa estar com o Seu, para que caminhemos como Reis e Rainhas com todas as outras criaturas.

Que o Seu e o nosso desejo sejam um só, em toda a Luz, assim como em todas as formas, em toda existência individual, assim como em todas as comunidades.

Faça-nos sentir a alma da Terra dentro de nós, pois assim, sentiremos a Sabedoria que existe em tudo. Não permita que a superficialidade e a aparência das coisas do mundo nos iluda, E nos liberte de tudo aquilo que impede nosso crescimento.

Não nos deixe sermos tomados pelo esquecimento de que Você é o Poder e a Glória do mundo, a Canção que se renova de tempos em tempos e que a tudo embeleza. Possa o Seu amor ser o solo onde crescem nossas ações. AMÉM.

A Família e o Aborto sob o Domínio do Espírito

> *Trata-se de algo que vem da natureza humana, anterior a qualquer entidade pública ou jurídica.*
>
> D. Eugenio Sales, arcebispo do Rio de Janeiro, escrevendo sobre a família.

Apesar de estar voltada para a família, não creio que a fidelidade conjugal faça parte da alma brasileira. Assim como o senhor do engenho produzia mulatinhos com as suas escravas, ou mulatos claros com as suas mulatinhas, a grande maioria dos homens brasileiros procurava dar um jeitinho de "pular o muro", poucas vezes por amor, quase sempre por luxúria mesmo, conforme a nossa literatura está farta de exemplos.

Mas isso não lhes tirou o sentimento de "chefe de família", nem a responsabilidade sob a sua guarda. Até pouco tempo atrás, não muitas mulheres trabalhavam fora e cabia ao homem ser o provedor do lar. Com ou sem "casos" extra-conjugais, o certo é que ele mantinha a casa, educava os filhos e procurava dar o melhor exemplo. O que fazia lá fora ninguém precisava ficar sabendo.

Para a mulher, a infidelidade era mais difícil de exercer, pois era muito mais coibida moralmente e, só nos últimos tempos, com a urbanização, o trabalho fora de casa e maior liberalização, o adultério feminino passou a ser mais registrado.

O brasileiro cultivou este sentimento de família, assim como a sua religiosidade: pais, irmãos, mulher e filhos – *isto é sagrado!*

Mas a excessiva urbanização, o crescimento do desemprego e a modernização das relações em todo o mundo mudou um pouco essas características, afastou um pouco as pessoas. Hoje, mais de 4 milhões de brasileiros já moram sozinhos e mais de 11 milhões de mulheres são responsáveis pelos seus domicílios.

A família continua sendo o elo principal ao redor do qual se constrói a sociedade. Registra-se, inclusive, maior proporção de fidelidade entre os namorados e recém-casados mais jovens, embora também entre eles as separações sejam freqüentes. Parece que o compromisso dos casais jovens não é mais para sempre.

De qualquer forma, a educação começa pela família, bem como o primeiro sustento. Mas ela mudou muito. A MTV estudou jovens das classes sociais ABC, entre 12 e 30 anos, no centro-sul do país. Trinta por cento deles têm pais separados. Apenas 41% moram com mãe e pai. Dezoito por cento são casados e já formaram novos núcleos familiares com seus filhos.

A família tradicional brasileira, vinda principalmente de pais portugueses, católicos e muito unidos, está mudando. Mas se formos perguntar aos filhos, estes prefeririam que não mudasse.

Quando o desenvolvimento espiritual realmente acontecer, pode-se esperar uma mudança radical nas atitudes daqueles que hoje defendem o aborto, o divórcio ou as famílias mononucleares.

Diga-se de passagem, existe uma diferença fundamental entre o direito e a prática espiritual. O direito pode permitir o aborto, o divórcio ou o que mais disser respeito à autonomia das pessoas, segundo a compreensão da sociedade que lhe deu autenticidade. Mas aqueles que se dedicam ao espírito têm convicções próprias, de acordo com o seu sentimento. Muitas coisas que o direito permite a moral espiritual pode não permitir.

Vamos lembrar as palavras do Papa João Paulo II: *Em torno à família e à vida se trava hoje o combate fundamental da dignidade do homem.* Ele tem razão em estar preocupado em sua missão pastoral. Segundo Lester Thurow, em *O Futuro do Capitalismo*, *as estruturas familiares estão se desintegrando em todo o mundo.* Aumentam os nascimentos de filhos de mães solteiras e os divórcios, com exceção quase exclusiva do Japão. *Pela perspectiva da análise econômica, filhos são bens de consumo de alto preço, que estão rapidamente se tornando mais dispendiosos... o "individualismo competitivo" está crescendo às expensas da "solidariedade familiar". A cultura do consumo do "eu" expulsa a cultura do investimento no "nós"... As mudanças no capitalismo estão tornando família e mercado cada vez menos compatíveis.*

Se a manutenção das famílias tornou-se um problema econômico, é natural que a tendência de hoje sejam os divórcios, as uniões não formais, as dissoluções, a liberdade para os abortos, as mães solteiras, as pessoas vivendo sozinhas. Afinal, o aspecto econômico é a prioridade do "eu". Mas é muito difícil imaginar que um cenário como esse possa levar à felicidade. Ou, como disse o Papa, à dignidade. Mesmo porque, quanto vale um filho, do ponto de vista emocional?

Se as pessoas estão também procurando o seu desenvolvimento espiritual, vão compreender facilmente que um filho começa a ter vida no momento do ato sexual e que, a partir daí, não deve ser assassinado.

Ao mesmo tempo, vão querer viver com amor, o que pressupõe o convívio e a dedicação à família. A família constrói vidas, pois isso confere dignidade. A equação é muito simples – está faltando apenas um pouco de compreensão e sentimento, tendência que poderá facilmente suplantar o individualismo atual.

> *O amor e a fraternidade, que outrora faziam parte de um ideal, se tornaram cruciais para a nossa sobrevivência. Jesus exortou seus seguidores a que se amassem uns aos outros ... Sem afeição humana nos tornamos doentes, amedrontados e hostis.*
>
> Marilyn Ferguson em *A Conspiração Aquariana*.

Isto é o que também se chama de *Inteligência Cooperativa*. Se o mundo é de todos, ouçamos o mundo, respeitemos o mundo, cooperemos com ele. É importante notar que a cooperação não implica, necessariamente, em estar de acordo com as idéias dos outros. Ela implica em estar aberto para todas as idéias, em procurar o diálogo, buscar o consenso. O que não podemos é nos transformar em fundamentalistas, abrir mão do bom senso, achar que nossas verdades são absolutas. Aqui neste livro existem muitas opiniões contundentes. Nem por isso elas estão fechadas ao diálogo. O que realmente importa é que a reflexão seja feita e a consciência seja expandida.

Racismo/Situação da Mulher/Homossexuais: O Brasileiro Tenta Disfarçar Preconceitos

Eu não acredito que o racismo ou a discriminação a qualquer outro grupo humano seja um problema meramente social. Lá no fundo do coração, é mais um problema espiritual.

Por ser um país de grande miscigenação, não há discriminação racial relevante no Brasil a não ser contra os negros. Eles só ficaram livres da escravidão em fins do século XIX. Livres e miseráveis, pois aquele grande contingente de mão-de-obra não remunerada também não tinha dinheiro para comprar terras, estabelecer comércio ou indústria. Raríssimas eram as exceções. Na verdade, eles não tinham nem onde morar e formaram comunidades rurais de subsistência em terras que não interessavam a ninguém e em bairros africanos como a Pequena África (Saúde, Rio). Subiram também os morros, formando favelas.

Vindo da chibata do feitor, ainda persiste o sentimento contra a pele escura, reforçado pelo aspecto, pelo cheiro ou pela sujeira do pobre. Quando o preto é rico, bem vestido e cheiroso, caem muitas barreiras, embora outras permaneçam: *Como é que este sujeito chegou onde chegou, sendo preto? No nosso clube ele não entra. Filha minha não vai se casar com negro algum.*

No Brasil, como disse, houve uma miscigenação enorme e muita gente que se considera branca pode ter negros ou mulatos na ascendência. Outros são mulatos e se dizem brancos ou pardos (os que se declaram pardos são quase 40% da população). O preconceito está em toda parte e funciona como fator de atraso ao desenvolvimento social e econômico dos negros. Mas, antes disso, lhes corrói o espírito.

Segundo pesquisa do IPEA, um trabalhador branco ganha, em média, aproximadamente o dobro do que ganha um negro. O branco estuda 6,6 anos. O negro, 4,4. Os negros representam 68,85% da população indigente do país e 63,63% da população pobre, mas apenas 45,33% da nossa população.

Há outros dados do IBGE:

- negros ou pardos com 12 anos ou mais de estudo ganham 70% do salário dos brancos;
- entre os 10% mais pobres da população, 68% são negros ou pardos;
- mas se analisarmos aquele 1% mais rico do país, 88% são brancos;
- o patrão negro ganha apenas 50% dos rendimentos do empresário branco.

Recentemente, começaram a surgir as chamadas políticas afirmativas em favor dos negros e outros discriminados – mulheres e deficientes, por exemplo. O Ministério do Desenvolvimento Agrário foi pioneiro e determinou que 20% dos seus funcionários fossem pretos. A universidade pública também quer seguir.

Parece esdrúxulo. O sujeito se declara negro, ganha a vaga e depois ninguém sabe se ele terá competência em mantê-la. Parece esquisito também estabelecer cotas de empregabilidade para qualquer minoria ou parcela discriminada da população, pois a empregabilidade só se sustenta com produtividade e competência – só se pode proteger depois que é promovida a aptidão. Mas parece muito justo criar políticas de erradicação da pobreza e criação de aptidão em seu meio. Assim como políticas de capacitação para todos.

Um exemplo a ser corrigido: 60% dos estudantes nas universidades mantidas pelo Governo pertencem à camada dos 20% mais ricos do país. Os ricos vão ganhando aptidão desde a alimentação mais consistente e o curso primário mais bem feito e, depois, nos exames vestibulares, derrotam inapelavelmente os pobres. Como a universidade é grátis, os "escravos" pagam pelos seus "senhores".

Quanto às mulheres, o fenômeno não ocorre apenas no Brasil. Por que elas ganham menos do que os homens, ocupando cargos iguais? Por que dificilmente chegam aos cargos de comando? Por que são minoria na política? Assim como os negros, as mulheres passaram séculos dizendo *sim, senhor* aos dominadores, todos homens. Alguns eram verdadeiros feitores para elas. E não se esquecer que só recentemente elas adquiriram o direito de votar. O que elas reclamam hoje é fruto dessa dominação anterior. O processo de liberdade e igualdade ainda não se completou. Mas o estudo e a universalização da informação e do conhecimento em nossa sociedade, que tenderia a nivelar homens e mulheres, tanto nas empresas quanto na política, ainda não atingiu seus objetivos: segundo o IBGE, há diferença salarial em todas as faixas de instrução. As mulheres que conseguiram chegar à universidade ganham apenas 57,1% do que ganha um homem com a mesma instrução.

Está faltando consciência. Está faltando Capital Moral. A consciência gera vontade política, que gera soluções e reconhecimento. Se quisessem, seria fácil.

O problema do homossexualismo também ocorre em outros países. Principalmente no hemisfério norte, surgem movimentos em apoio aos *gays* e lésbicas, assim como as primeiras leis que defendem os seus direitos de casar, criar filhos, receber pensões e outros direitos civis. É mais uma condição humana que vem saindo da penumbra para se apresentar e se afirmar na sociedade. Parece ser um movimento irreversível, embora seja moralmente questionável para muitos.

Capítulo 13

O Capital Moral como um Todo

A Sociedade Justa

> Estas são as grandes especificações da sociedade justa em sua dimensão social. Emprego e possibilidade de ascensão para todos. Crescimento econômico confiável para sustentar tais empregos. Educação e, na maior extensão possível, o apoio e a disciplina da família que levam à futura participação e recompensa. Não estar sujeito à desordem social no próprio país e no exterior. Uma rede de segurança para os desafortunados. A oportunidade de realização de acordo com a habilidade e a ambição. A proibição de formas de enriquecimento financeiro que sejam prejudiciais aos outros. Nenhuma frustração dos planos de sustento e de bem-estar futuros devido à inflação. Uma dimensão externa cooperativa e compassiva.
>
> John Kenneth Galbraith em *A Sociedade Justa*.

Tão fácil de entender, tão difícil conseguir. A sociedade justa, aquela que todos queremos alcançar neste milênio, depende, segundo Galbraith, de uma forte ação do Estado regulador. Entretanto, o que temos visto aqui no Brasil, em quase toda a América Latina, em todos os países socialistas que se desmantelaram e na crise asiática do final do século passado, não abona a capacidade do Estado em gerir muita coisa.

Como já escreveu Roberto Campos, o fator mais questionável da política de desenvolvimento dos Tigres foi exatamente o dirigismo da política industrial, que dava ao *burocrata esclarecido* o poder de direcionar crédito bancário barato a grupos que supostamente iriam alavancar o crescimento – geraram uma grande especulação imobiliária e o sistema ruiu. Agora, alguns asiáticos estão crescendo aceleradamente outra vez. Parece que este vai ser mesmo o século da Ásia. Mas falta resolver completamente o problema das desigualdades.

Não vou advogar aqui o anarquismo. O ser humano, infelizmente, ainda não se desenvolveu ao ponto de prescindir de governos. Mas o certo é que o Estado precisa ser enxuto para tentar cuidar, com um mínimo de eficiência, das suas funções vitais. Esta é a experiência que estamos vivendo.

O que se coloca é: como atingir uma sociedade justa sem a necessidade de dar aos governos atribuições que, sabidamente, eles não têm competência para gerir? O Estado do Bem Estar Social, por exemplo, que já foi considerado um remédio para todos os males e hoje em dia está falido em quase todos os países, diz respeito, entre outras coisas, à solidariedade humana; e solidariedade e compaixão dizem respeito à consciência. Se não há mudança de compreensão e consciência, não há campo propício para novos conceitos. Conseqüentemente, não se pode mudar as leis, nem a política – nenhuma ação de governo, inclusive, torna-se possível.

Com a globalização, existe uma concentração extremamente grande de riqueza e poder nas mãos de apenas algumas centenas de grandes companhias. Por outro lado, existem milhões de pequenas empresas e indivíduos ligados à internet, participando ou não de instituições lucrativas e não lucrativas as mais variadas, com uma força política tremenda e ainda não perfeitamente explorada, porque não organizada.

Está na hora de nós trabalharmos por uma sociedade justa e o primeiro passo é criar a consciência, entre nós e os outros, de que é preciso dividir oportunidades. Mais do que ajudar os mais pobres, é preciso criar condições para que eles cresçam e isto, infelizmente, tem sido incompatível com o sistema de concorrência em que se baseia o capitalismo (sobrevivência dos mais aptos/alijamento dos ineptos). O capitalismo precisa ser redirecionado para a ampliação de mercados sustentáveis, em vez da concorrência predatória. A formação dessa consciência poderá gerar ação política e a ativação dessa ação em relação ao mercado. Se as forças dominantes são os capitalistas e se são eles os responsáveis pela colocação de milhões de empresas e pessoas à margem do processo de geração e desfrute de riquezas, vamos chamá-los à responsabilidade da mesma maneira que chamamos os governos.

A força dessa idéia poderá ser também a formação de consciência para o compartilhamento de oportunidades. Reparemos que compartilhar oportunidades é completamente diferente do que abrir oportunidades. Neste último caso, o que se oferece é aquilo que está além do que é nosso. Ninguém mexe no próprio bolso ou no *status quo*. Mas quando aceitamos dividir com os menos afortunados as oportunidades que são raras, quando dividimos o que nos faz falta, aí sim estamos praticando a verdadeira solidariedade.

A Consciência Ética e os Investimentos Éticos

A corrupção existe desde tempos imemoriais. Antigamente, era facilmente exercida em palácios e até em igrejas porque não existia a imprensa para investigar diariamente os atos dos poderosos e, conseqüentemente, a opinião pública passava ao largo dos acontecimentos.

Hoje em dia, há muito mais riquezas circulando e muito mais negócios sendo feitos, com milhões de oportunidades de falcatruas à disposição dos *players*. Por outro lado, há uma imprensa cada vez mais atuante, vendo tudo, investigando tudo, denunciando tudo (ou quase tudo). É muito mais difícil ficar impune no mundo de hoje e os poderosos sabem que a opinião pública está diretamente relacionada ao poder. Mesmo que não haja uma ação eficiente da justiça, o risco de ser desmoralizado publicamente não é agradável para ninguém.

A imprensa, de uma maneira geral, exerce um papel didático muito importante em relação à ética. Aqueles que transgridem as leis ou o "politicamente correto" podem ser duramente criticados. Porém, conforme eu já disse, a imprensa vive de novidades e um escândalo pode ser facilmente esquecido. A corrupção continua grassando nas empresas e nos governos, imitada pelo cidadão comum naquelas pequenas transgressões do trânsito, na sonegação de impostos e outras. O sujeito critica a falta de ética dos outros, pede punição exemplar para os criminosos comuns e do colarinho branco, mas não corrige as suas próprias falhas. Por que será?

Uma das possíveis razões é a falta de cidadania, a falta de confiança no Governo ou no bem comum. Nós, ocidentais, somos excessivamente individualistas e o Brasil é um dos mais claros exemplos. Outra razão talvez seja o excessivo valor que se dá ao dinheiro no mundo de hoje. O dinheiro passou a ser sinônimo de liberdade, uma das maiores aspirações da humanidade em todos os tempos. A falta de dinheiro leva à miséria e, principalmente nas áreas urbanas, um miserável não pode ir a quase lugar nenhum, não pode usufruir, não pode se defender, não pode ter. Dificilmente conseguirá ser. A quase totalidade das pessoas simplesmente não consegue nem ao menos aspirar à felicidade sem dinheiro. É por isso que, quando aparece a oportunidade de ganhar algum, mesmo sem toda a ética, a grande maioria capitula.

Então, onde pode estar a saída para a nossa melhoria ética, para o desaparecimento dos indivíduos, dos empresários ou dos políticos corruptos? Quando afinal estarão todos buscando o bem comum, nas relações econômicas, sociais, políticas? A resposta só poderá estar na conjunção de alguns fatores:

a. O crescimento da consciência ecológica, que determina a necessidade da preocupação coletiva e o sentimento de harmonia.

b. Mais informação, mais educação, cidadania, consciência planetária.

c. A progressiva influência da cultura asiática no contexto mundial, que traz consigo o pensamento confucionista, que privilegia a família e a cidadania em detrimento do indivíduo, e traz também novas experiências espirituais, como o budismo e o taoísmo.

d. A redução das diferenças sociais e econômicas entre pessoas e países, com menos revoltas e conflitos, o que poderá ocorrer através do crescimento econômico e da melhor distribuição de riquezas (segundo a ONU, bastariam 0,2% dos ingressos anuais mundiais para, em 20 anos, erradicar toda a miséria).

e. O crescimento da espiritualidade, de uma maneira geral, um passo além dos livros esotéricos e de auto-ajuda atuais, o que levará o ser humano a uma vivência bem menos materializada, a outros níveis de necessidades e, sobretudo, a uma outra consciência moral.

f. A crescente mobilização das pessoas – participação mais efetiva na nova ordem democrática que precisa ser criada. A ordem democrática que vivemos hoje procura corresponder ao desejo das massas, da maioria. Acontece que as tendências não são mais a produção em massa, nem a comunicação em massa, nem o pensamento massificado. Somos uma multiplicidade de indivíduos, ou minorias, para as quais o voto majoritário não tem representatividade. Precisamos reaprender a nos mobilizar e participar do cenário político.

A evolução pode não vir tão depressa quanto gostaríamos, mas vem. Cresce, por exemplo, o número de fundos politicamente corretos. A empresa de informações britânica Moneyworld ensina como fazer investimentos éticos e, ao mesmo tempo, ganhar dinheiro. São fundos que investem dinheiro apenas em ações de empresas que preservam o meio ambiente, melhoram a qualidade de vida dos funcionários, vendem produtos seguros e saudáveis.

Estão automaticamente fora as que vendem pornografia, armas, cigarros, bebidas alcoólicas e jogos de azar. Também não entram as multinacionais que negociam com países antidemocráticos ou racistas. Os fundos éticos também ganham força nos Estados Unidos, Canadá e Europa, oferecendo oportunidades de acordo com o perfil e o ponto de vista do investidor. Importantes instituições financeiras, como o Crédit Suisse, Framlington e Alliance Capital já têm os seus produtos.

Na medida em que a ética der lucros, vai ficar mais desejada. As empresas que obtiveram ou querem obter o ISO 14000, que diz respeito à preservação ambiental e é necessário para a comercialização de produtos em alguns mercados, são potenciais participantes de um fundo ético. O mesmo em relação a quem obtiver a Certificação SASH 8000.

Exemplos brasileiros são mais tímidos: incluem fundos que destinam parte da rentabilidade ou a taxa de administração para administrar projetos sociais. O Banco Santos tem o Fundo Social Pró-Amem, que beneficia a Associação de Amigos do Menor pelo Esporte Maior. O HSBC foi o primeiro banco a lançar um fundo do gênero: 50% da taxa de administração vai para uma instituição beneficente. A Caixa Econômica lançou recentemente um fundo que destina 50% da taxa de administração para o Fome Zero.

Será ótimo incentivar investimentos em ações de empresas éticas, aquelas que preservam o meio-ambiente, valorizam a qualidade de vida dos seus funcionários, vendem produtos seguros e saudáveis, não negociam com países antidemocráticos e racistas, não demitem antes de preparar novas oportunidades para os seus empregados, mantêm projetos educacionais e/ou sociais nas comunidades onde atuam e, por isso, terão a preferência do mercado e venderão mais.

O Certificado de Capital Moral

A primeira vez que eu escrevi um artigo sobre Capital Moral, a idéia era criar um Certificado que direcionasse o mercado para as empresas bem qualificadas, assim como um ISO 9000.

O poder político, numa democracia, é exercido pelo voto. Acontece que a mídia é determinante na formação da opinião pública e a mídia é muito cara. Caímos num ciclo vicioso, onde a maioria dos que se elegem são justamente os mais ricos (teoricamente mais aptos), ou apoiados pelos mais ricos, porque só eles são capazes de financiar a mídia.

Aos cidadãos resta uma interessante saída, eu pensava – voltar à sua condição de consumidores e pressionar as empresas (os capitalistas) via consumo, pois no bolso todos sentem. Exigir delas o CAPITAL MORAL, o politicamente correto, a Responsabilidade Social, a consciência ecológica, os produtos humanamente corretos, a prática da ética, o fim do individualismo e do egoísmo em prol do interesse da coletividade.

Dentre os competidores de cada segmento, a mídia iria difundir um *Ranking* de Capital Moral, a ser conferido por setores importantes da sociedade. E as pessoas deveriam ser incentivadas a dar preferência aos produtos das empresas melhor colocadas, aquelas que estariam trabalhando para a coletividade, e não apenas para a extinção econômica dos teoricamente ineptos.

Na realidade, os ineptos não são ineptos simplesmente porque querem ou por falta de potencial de desenvolvimento. Na maioria das vezes, falta-lhes oportunidades que o século XXI não lhes pode negar, sob o risco de provocar uma crise mundial sem precedentes.

Eu seguia em frente. As tecnologias se atualizam a cada dia. E os empregados são substituídos pelos robôs. Empresas de alta tecnologia não podem mais manter funcionários de baixa escolaridade – apenas aqueles capazes de operar e manter robôs. Demitir os que estudaram pouco pode? Pode. Mas não sem antes criar para eles um programa de capacitação em outras áreas, de forma que eles possam encontrar uma outra profissão e outra área de desenvolvimento. Isto é Capital Moral.

E o Governo? Vai procurar desenvolver/incentivar algum outro pólo econômico para absorver aquele contingente de mão-de-obra que a tecnologia está pondo de lado? Isto é Capacidade Moral Governamental. Vamos cobrar deles, nas próximas eleições?

Privatizar pode? Na maioria dos casos, deve. Mandar um grande contingente de empregados para a rua no primeiro ano também pode? Se for em favor da eficiência, também pode. Mas não sem antes prepará-los para que não se transformem numa catástrofe social e familiar. Não sem antes proporcionar-lhes novas oportunidades. Isto é Capital Moral.

As empresas vivem uma competição desenfreada, querem ser mais eficientes e obter menores custos de qualquer maneira, esquecendo-se da sua Responsabilidade Social. É a sociedade que lhes permite viver. É da sociedade que elas tiram o seu sustento e a sua sobrevivência. Então que sobrevivam acumulando Capital Moral.

Fabricar produtos de má qualidade e enganar os consumidores – não pode. Enriquecer descumprindo leis – não pode. Fazer *lobbies* junto a políticos e governos a fim de obter favorecimentos impublicáveis – não pode. E assim por diante. Isto é falta de Capital Moral e os produtos e serviços dessas empresas devem ser boicotados pela população, independentemente de qualquer ação coercitiva das autoridades.

E mais, independentemente de ter feito o que pode e o que não pode, o que a sua empresa fez em prol de uma sociedade mais justa? De que forma contribuiu para o crescimento econômico? Que tipo de treinamento deu aos seus funcionários? Como contribuiu para o desenvolvimento deles? De que forma contribuiu para a ecologia? A sua empresa exerceu alguma atuação de comunicação ou política em favor de um Estado mais moderno e mais eficiente aqui dentro, e em favor da paz e do desenvolvimento social e econômico de outros países em piores condições que o nosso (a África, por exemplo)? Como a sua empresa trata a questão da seguridade social dos seus empregados?

A lista acima podia ser ampliada com a colaboração de toda a sociedade. Estabelecidos os critérios, restaria implantar o sistema. Quem não obtivesse o seu "ISO" em Capital Moral ia ter sérios problemas de mercado.

Além do que, a grande mídia poderia se engajar na campanha e dar extensa divulgação ao *Ranking* de Capital Moral, direcionando a preferência dos consumidores/cidadãos. E as empresas melhor classificadas iriam, certamente, estampar os selos de Capital Moral nas suas embalagens e anúncios.

A idéia era dar uma grande ajuda para a nossa consciência moral, a fim de que, no futuro, Lester Thurow não pudesse mais escrever que *o capitalismo penetra nas crenças modernas relacionadas à individualidade e explora aquilo que alguns considerariam os motivos humanos mais indignos, a ganância e o egoísmo, para produzir padrões de vida crescentes.*

O Capital Moral é Responsabilidade de Todos

À medida que fui escrevendo este livro, no entanto, fui chegando à conclusão, em primeiro lugar, que o Capital Moral é um bem de todos. Se partimos do princípio que o universo é biológico, que não adianta dividir o pensamento em partes, como queria Descartes, nem mecanizá-lo, como confirmava Isaac Newton, então não adianta, da mesma forma, considerar o Capital Moral como um predicado das empresas, porque na realidade ele existe na sociedade como um todo ou não existe.

O indivíduo pode ser empresário, empregado, consumidor, funcionário do Governo, ativista do terceiro setor ou até mesmo Presidente da República. Uns poderão desenvolver mais ou menos Capital Moral, antes ou depois, mas esta qualidade excepcional só encontrará campo para progredir passo a passo, permeando todos,os meandros, como células boas tomando um corpo ruim.

Capital Moral é prática diária, tanto dos indivíduos, como dos governos, como de todas as empresas e demais organizações da sociedade civil. Essa prática é absolutamente sinérgica, o indivíduo influenciando a empresa e vice-versa, o cidadão influenciando o poder público e vice-versa, até que o Capital Moral tome conta de todo o organismo.

Infelizmente, a recíproca também é verdadeira. Quando as más ações são constantes, os tumores se proliferam e acabam por derrotar as células boas, que vão prosperar muito mais tarde. Na realidade, assim como muitos outros, eu acredito que a humanidade está vivendo um período de evolução para melhor, apesar de todos os percalços.

O que se pretende com este livro é acelerar a compreensão, expandir a consciência das pessoas – a minha inclusive – para que a gente ganhe um pouco de tempo nesta evolução, poupando algumas parcelas muito sofridas da sociedade.

Nesta tarefa, existe uma particular preocupação com as empresas devido ao seu poder no mundo de hoje. Gigantes como a GE ou a General Motors exercem influência sobre toda a sociedade. Por uma questão de caráter, elas têm o dever de devolver à sociedade parte do que recebem dela. Com absoluta Responsabilidade Social, consciência ética, cidadã, ecológica, planetária – tudo.

Mas, além dos benefícios que a sua própria atividade pode proporcionar, quanto dinheiro elas deveriam devolver à sociedade? O mercado também não deve entrar de sócio? Aqui temos uma questão que nos leva a repensar os impostos devidos, os incentivos fiscais, os investimentos, o balanço social, todas as demonstrações que uma empresa deveria fazer ou faz para prestar contas da sua atuação a todos nós.

Analisando as estatísticas, verificamos claramente que este é um país onde predominam os sobreviventes, ou seja, aqueles que não têm emprego fixo, não têm carteira assinada nem qualquer dos seus benefícios, trabalham ao sabor das circunstâncias. É certo que existe a minoria dos profissionais liberais, com rendimentos melhores, mas a grande massa provavelmente está em micro ou pequenas empresas, ou mesmo em pequenos negócios próprios, a maior parte presta serviço, um dia ganha, outro não, se a economia vai bem melhora um pouquinho, se vai mal é um Deus nos acuda.

Segundo o IBGE, em 2002, dos 78,2 milhões de brasileiros ocupados, 45,4 milhões não tinham carteira assinada e 7,8 milhões estavam desempregados. E o Sebrae informa que, em dez anos, o Brasil criou 4,9 milhões de empresas. Dessas, 2,7 milhões eram microempresas, ou seja, tinham até 19 empregados se fossem indústrias, ou até 9 empregados se estivessem no comércio ou serviços. 69.246 microempresas fecharam apenas no ano de 1999. O índice de mortalidade é altíssimo. Em grande parte das vezes funciona assim: o sujeito não consegue arranjar um emprego fixo, então resolve arriscar num negócio. Tem pouca experiência, quase nenhum capital de giro, o mercado balança, os impostos estão pela hora da morte – e ele morre mesmo. Morre de juros.

Outro dado muito importante é o quadro dos trabalhadores das empresas urbanas do setor informal, ou seja, aqui nem empresa existe direito:

- trabalhavam por conta própria 8,5 milhões de pessoas;
- empregadores eram 1,5 milhão;
- empregados eram 2,8 milhões, o que não dá dois empregados por empregador;
- e os empregados não remunerados, coitados, eram 517.153.

Vamos observar que o setor informal, mais ainda que as empresas que tentam sobreviver e escapar da carga fiscal, estimula as pequenas contravenções, às vezes até as grandes, e a cidadania vai sendo esquecida.

Então o que é que acontece? Vem a soma de todos os governos (federal, estaduais e municipais) e arrecada os impostos de todo mundo. Em 2003, cada brasileiro trabalhou quatro meses e meio só para pagar impostos. Parte foi para pagar o funcionalismo público, inchado pela burocracia, parte para os aposentados, depois vieram as despesas de custeio dos próprios governos, não vamos nos esquecer das dívidas interna e externa, arrecadar também custa e, de ralo em ralo, os governos não conseguiram nos dar de volta nenhuma parte significativa do que pagamos.

Até porque existem compromissos e precauções globais importantíssimas.

O mercado financeiro internacional é capaz de quebrar países, como fez com o México em 1994, e já produziu estragos consideráveis em muitos outros, inclusive no Brasil. O mercado financeiro internacional orienta as políticas do FMI e do Banco Mundial no que diz respeito ao equilíbrio fiscal e vários outros fatores macroeconômicos. Há sérias dúvidas em todo o mundo se esse receituário do FMI é benéfico para os países endividados. Mas são os remédios que estão nos ministrando há anos. Na verdade, somos reféns do mercado financeiro internacional.

E onde está a responsabilidade das empresas financeiras? Elas não têm a menor noção do que seja isso. São vândalos movimentando dinheiro pelo mundo. Ao invés de usarem machados, lanças e outras armas de corte, usam *bits*.

Por outro lado, fora o que levam os governos, está claro que uma percentagem muito pequena de empresas fica com o bolo quase todo da economia. Então, relembrando Einstein (*um problema não pode ser resolvido pelo mesmo tipo de raciocínio que o criou*), vamos repensar as formas de tributação das empresas, bem como a sua contribuição direta para a sociedade.

Ora, se o Governo for participativo de verdade, a sociedade como um todo fará o plano de investimentos. O mercado será considerado sócio de todas as empresas que não sejam consideradas "sobreviventes", aquelas que estiverem acima de uma determinada faixa de lucros. Depois dos investimentos e reservas necessárias, 50% dos lucros diretamente para os investimentos prioritários da sociedade é muito? Assusta? As multinacionais vão embora se isto acontecer?

Eu penso que não, porque o regime de impostos também teria que mudar. E o Estado teria que ficar menor. Não faz sentido repassar quase 40% de tudo que produzimos a qualquer Governo. Governo não é Deus.

E como alterar o regime de impostos? Aqui chegamos em Hazel Hendersen, *Além da Globalização*. Ela propõe a *passagem de uma tributação sobre renda e emprego para tributação do consumo supérfluo, desperdício e depredação dos recursos naturais, obsolescência planejada e poluição.*

Em outras palavras, muita gente não teria que pagar nada – só aqueles que consomem os recursos do planeta, em última instância a nossa maior riqueza.

Aqui está apenas a semente de um pensamento alternativo. É hora de todos colocarem seus conhecimentos, sua sabedoria, sua criatividade para discutir seriamente essas e outras propostas construtivas, para que, no futuro, Noam Chomsky não seja obrigado a escrever *"O Lucro ou as Pessoas?.*

Empresas Podem Ser Fraternas?

Agora vejamos um outro aspecto, que é o da concentração de riquezas. Já vivemos num mundo por demais concentrado, em termos de poder, inclusive econômico e financeiro. Estamos caminhando para maior concentração ainda. Já foi afirmado no Capítulo 3 que este é o século da biologia. Não apenas da biologia, mas da convergência dela com a informação – a biotecnologia e a bioinformática. Só esta última vai movimentar US$27 bilhões até o final de 2003, um pingo no oceano das próximas décadas. Nas mãos de quem? Daqueles que já dominam a tecnologia da informação e o dia-a-dia dos pobres equipamentos que nós digitamos: Compaq, IBM, Intel, HP, Motorola, outros.

Vale uma discussão profunda sobre direitos de patentes e autoria intelectual? Penso que vale. Afinal, o pensamento pertence à humanidade, ou não? Quem desenvolve uma patente deveria ter 100% dos direitos sobre ela ou menos, repartindo com todos nós os frutos dos conhecimentos, da cultura que absorveu de nós para chegar àquela patente? Ou será que alguma empresa tem lá um geniozinho que nasceu numa redoma de vidro e aprendeu tudo sozinho? Criatividade é o dom de relacionar conhecimentos existentes e pesquisar novos caminhos para chegar a uma originalidade. Concordo, pesquisa e desenvolvimento é um negócio muito caro. Mas quanto vale o que já existia e foi empregado ali? O que existia é um patrimônio da humanidade, não do Departamento de P&D de uma empresa qualquer. Quem paga o custo de Pesquisa e Desenvolvimento da humanidade? O domínio público, mais de dez anos depois? Acho pouco.

Para citar um exemplo que hoje considero absurdo, na década de 80 criei uma empresa e registrei a marca Halley em diversas classes de produtos e serviços, no Brasil, Estados Unidos, Itália e Alemanha, amparando um projeto de licenciamento que esperava a volta do Cometa de Halley. O nome Halley é do astrônomo Edmond, o cometa é da humanidade, mas a marca Halley era minha, só minha. *Quer usar? Custa 5% de royalties, meu caro amigo.* Já viu direito mais esdrúxulo?

Algumas patentes também funcionam mais ou menos assim: o sujeito vai lá na Amazônia, observa os índios e suas poções, copia um remédio e depois ninguém pode usar se não contribuir para a riqueza da empresa dele. Está patenteada a *infraternidade*.

O *Copenhagen Consensus*, que reuniu nove economistas mundiais de grande prestígio, concluiu que os principais problemas ambientais deste planeta são, pela ordem, a AIDS, a má nutrição, as barreiras comerciais e a malária. A resolução de todos eles tem ligação com as patentes e seus custos. Até quando nós, cidadãos planetários, vamos dar força para este "estado de direito"?

E não é que a Monsanto quer receber *royalties* sobre a soja transgênica, que nem ao menos sabemos se é benéfica? Assunto para advogados, lógico, mas também para toda a sociedade. Que merece uma discussão mais profunda sobre os monopólios que são criados sobre os direitos da natureza, isso merece!

Não vamos nos esquecer que a propriedade é uma hipoteca social.

Patentes, direitos autorais, poder financeiro e econômico, valor de marcas, *know-how* – são alguns fatores de domínio. Outros evidentes fatores de domínio são os acordos que elas fazem entre si e até mesmo com os governos para fazer valer as suas "necessidades" empresariais, passando ao largo da opinião pública. Saberão as empresas usar todo o domínio que acumulam? A Nestlé, a maior gigante na fabricação mundial de alimentos, teve a coragem de acionar o Governo etíope em US$6 milhões. Para a Nestlé, a quantia representava 0,007% do faturamento anual da sua filial alemã. Para a Etiópia, país assolado pela fome, era um dinheiro dificílimo de ser pago. A renda per capita de lá é a mais baixa do mundo: US$100. E pasmem: o Governo etíope oferecia uma negociação de US$1,5 milhão, pois temia a fuga dos investimentos estrangeiros se não pagasse. A Nestlé preferiu entregar o "problema" para seus advogados.

As empresas conhecerão a compaixão e o perdão, ou apenas a lei e o raciocínio do lucro? O Capital Moral não deveria incluir a emoção? Afinal, em última análise as empresas se relacionam com pessoas. Como essas pessoas são consideradas? Vendas? Lucro? Participação de Mercado? Custo-Benefício? Ou poderemos aferir na relação um coeficiente de Fraternidade?

Vamos reparar que fraternidade é uma troca sem compromisso, sem necessidade de ganho. Da empresa para a sua clientela, é um raciocínio mais ou menos assim: tudo que eu faço é para o bem desses clientes. Eles reconhecem isso e gostam de mim, assim como eu gosto deles.

E não são apenas as grandes empresas que preocupam. Segundo o Sebrae, as micro e pequenas empresas são as grandes empregadoras do país. Como elas enxergam o trabalho infantil, que tratamento dão aos negros, qual é o grau de salubridade no trabalho, que salários destinam às mulheres, em relação aos homens de igual valor? Apenas um dado para ilustrar os perigos: o Brasil, depois de todas as campanhas realizadas contra o trabalho infantil, ainda tem milhões de crianças no trabalho.

Obviamente, não vamos querer tirar nada das micro e pequenas empresas. Como já ficou demonstrado, a maioria delas é feita de sobreviventes. Deverão haver leis que facilitem o seu trabalho, uma carga de impostos compatível com a sua capacidade, mas elas não poderão olvidar a cidadania.

Capital Moral é como Capital Intelectual: nós precisamos aprender, desenvolver, por em prática, depois aprimorar.

"E o Que Eu Vou Ganhar com Isto?"

Quanto ganha uma pessoa que tem a consciência tranquila? Uma boa noite de sono? *Que nada, o travesseiro do outro é melhor.* Pode ser. Se houver sensação de impunidade, um antiético qualquer poderá até se vangloriar dos seus atos antes de dormir e fechar os olhos como um anjo. É por isso que o Capital Moral exige mobilização. Quem age contra a sociedade precisa ser cassado e punido. Não pode haver sensação de impunidade. Ele tem que perder o travesseiro.

Mas não estou advogando aqui um estado de policiais. A punição é um caso extremo. Estou defendendo uma tomada de consciência gradual e crescente. Até chegar ao exponencial. É uma questão de educação, antes de mais nada. Quem é bem educado se autocorrige. E o mal praticado dói na consciência.

Quem ganha com isso é a sociedade como um todo: menos criminalidade, menos corrupção, impostos beneficiando realmente a população, mais compreensão, melhores relações humanas, maior capacidade de união em prol das causas de interesse público e mais facilidade de obter consenso, pois o Capital Moral analisa sempre a razão do outro antes de se pronunciar. Existem dezenas, talvez centenas de outras vantagens. A maior delas talvez seja a capacidade de construir um mundo sustentável para as nossas futuras gerações. Um mundo em que as riquezas sejam melhor divididas, um mundo em que todos ganhem.

Aliás, o que já está claro para a maioria é que a prática da ética traz melhores resultados de imagem corporativa. As empresas querem se mostrar como boas cidadãs. Algumas chegam a declarar resultados mais auspiciosos: funcionários mais satisfeitos, consumidores mais fiéis, fornecedores mais alinhados. E uma pesquisa com 300 empresas em Chicago apontou que as mais éticas proporcionaram resultados duas vezes superiores aos acionistas.

Mas os Concorrentes, Como é Que Ficam?

O interessante é que, quando constróem seus padrões éticos em relação a todas as suas práticas e relações, as empresas pensam em funcionários, fornecedores, distribuidores, clientes, parceiros, acionistas, sindicatos, meio ambiente, sociedade, política. Quase ninguém fala em concorrentes com profundidade.

> *Democracia e capitalismo têm crenças muito diferentes a respeito da distribuição adequada de poder. A primeira acredita numa distribuição completamente igual de poder político, "um homem, um voto", enquanto o segundo acredita que é dever dos economicamente aptos empurrar os ineptos para fora dos negócios e para a extinção econômica.*
> Lester Thurow em *O Futuro do Capitalismo*.

A competição exacerbada, que leva inevitavelmente à falta de ética, existe por duas razões:

a. Egoísmo, capitalismo selvagem.

b. Falta de capacidade de todos os participantes do jogo econômico em desenvolver um mercado sustentável.

No primeiro caso, parte-se do princípio que é imperioso crescer, acumular, enriquecer. É mais ou menos como a história do sujeito que está de férias, num restaurante na beira da praia. Ele reclama da lentidão do serviço, mas não sabe o que vai fazer depois. Com sinceridade, o que os bancos brasileiros e algumas outras megaempresas vão fazer com tanto lucro? Definitivamente, não é necessário tomar do outro. Se a consciência é global, é perfeitamente possível gerir um negócio que tem um determinado formato, um determinado tamanho, onde todos se sustentam e trabalham satisfeitos.

No segundo caso, é importante ressaltar que nós não queremos, enquanto sociedade global, nenhum desenvolvimento que não seja sustentável, que não preserve todos os recursos da Terra para as gerações futuras. Queremos consumo consciente. Mas também queremos a criatividade das empresas a serviço deste mesmo desenvolvimento sustentável, cada uma gerando receitas pelo que criou e produziu, sem se digladiar com o concorrente.

Tudo podia ser bem mais fácil e agradável. Bastaria uma nova mentalidade para substituir esta lógica do crescimento e da competição sobre todas as coisas. Um nova mentalidade para, aos poucos, desenvolverem-se muitas novas parcerias e alianças e respeitarem-se os espaços dos negócios de cada um. Sobretudo, para dar aptidão a quem tem menos, em vez de promover o seu alijamento do mercado.

Neste exato momento, em todo o mundo existem milhares de autores, políticos, educadores, ativistas, pensadores e também líderes empresariais preocupados com esses mesmos problemas. Porque o mundo precisa ser salvo, e isto não é tirado do Apocalipse nem de mais um Messias. Se a economia e a política continuarem seguindo o caminho atual, se não conseguirmos desenvolver rapidamente a ética global, vamos simplesmente sucumbir em vez de evoluir, como seria natural.

Então, se tanta gente já procurou se aprimorar em Capital Intelectual, que tal refletir um pouco sobre o Capital Moral? Neste momento, é ele que está faltando.

FIM

Bibliografia

AGENDA 21. Conferência Mundial das Nações Unidas sobre Meio Ambiente (Eco-92).
ALMANAQUE ABRIL 2001. Ed. Abril. São Paulo.
ARMSTRONG, Karen. *Uma História de Deus*. Ed. Companhia das Letras, 1993, São Paulo.
CADERNOS DE ESTUDOS DA ESCOLA SUPERIOR DE PROPAGANDA E MARKETING. Várias edições.
CARDOSO, Fernando Henrique. Pronunciamento de Abertura do Seminário para Discussão de Anteprojetos de Lei sobre a Agência Nacional de Águas – ANA e o Sistema Nacional de Gerenciamento de Recursos Hídricos, 2000.
CAPRA, Fritjof. *O Ponto de Mutação*, Ed. Cultrix, 1995, São Paulo.
_____. *Sabedoria Incomum*, Ed. Cultrix, 1995, São Paulo.
_____. *As Conexões Ocultas*, Ed. Cultrix – Amana-Key, 2002, São Paulo.
CHOMSKY, Noam. *O Lucro ou as Pessoas?* Ed. Bertrand Brasil, 2002, Rio de Janeiro.
_____. *Controle da Mídia*, Ed. Graphia Projetos de Comunicação, 2002, Rio de Janeiro.
CLARK, Glenn. *O Homem Que Tocou os Segredos do Universo*, Ed. Pensamento, 2002, São Pauo.
COHEN, Daniel. *Riqueza do Mundo, Pobreza das Nações*, Ed. Bertrand Brasil, 1998, Rio de Janeiro.
COLEMAN, Daniel. *Inteligência Emocional*. Ed. Objetiva, 2001, São Paulo.
CONFEDERAÇÃO NACIONAL DA INDÚSTRIA. Custo Brasil, 1996.
CONSTITUIÇÃO BRASILEIRA, 1988.
DERTOUZOS, Michael. *O Que Será*. Ed. Cia. Das Letras, 1997, São Paulo.

DE SOTO, Hernando. *O Mistério do Capital.* Ed. Record, 2001, Rio de Janeiro.
DOSSIÊ UNIVERSO JOVEM. Pesquisa da Datafolha patrocinada pela MTV, 1999.
DRUCKER, Peter. *Administrando para o Futuro.* Ed. Pioneira, 1992, São Paulo.
_____. *As Novas Realidades.* Ed. Pioneira, 1989, São Paulo.
_____. *Inovação e Espírito Empreendedor.* Ed. Pioneira, 1986, São Paulo.
DURANT, Will. *A História da Filosofia.* Ed. Record, 1991, Rio de Janeiro.
ELGIN, Duane. *Awakening Earth: Exploring the evolution of human culture and consciousness.*
ENCICLOPÉDIA LAROUSSE CULTURAL. Ed. Nova Cultural, 1998.
ESCOBAR, Pepe. *21, O Século da Ásia.* Ed. Iluminaras, 1997, São Paulo.
FERGUSON, Marilyn. *A Conspiração Aquariana.* Ed. Record, 1980, Rio de Janeiro.
FINGER, Charles J. *A Essência da Sabedoria de Confúcio.* Ed. Tecnoprint, Rio de Janeiro.
GALBRAITH, John Kenneth. *A Cultura do Contentamento.* Ed. Pioneira, 1992, São Paulo.
_____. *A Sociedade Justa.* Ed. Campus, 1996, Rio de Janeiro.
GATES, Bill. *A Estrada do Futuro.* Ed. Companhia das Letras, 1995, São Paulo.
GAZETA MERCANTIL. Várias edições.
GIDDENS, Anthony. *A Terceira Via e Seus Críticos.* Ed. Record, 2001, Rio de Janeiro.
GRAYSON, David e Hodges, Adrian. *Compromisso Social e Gestão Empresarial.* Ed. Publifolha, 2002, São Paulo.
GUITTON, Jean; BODANOV, Grichka; BODANOV, Igor. *Deus e a Ciência.* Ed. Nova Fronteira, 1992, Rio de Janeiro.
HARDT, Michael; NEGRI, Antonio. *Império.* Ed. Record, 2001, Rio de Janeiro.
HAWKEN, Paul; LOVINS, Amory; LOVIS, L. Hunter. *Capitalismo Natural.* Ed. Cultrix – Amana-Key, 2002, São Paulo.
HELLERN, Victor; NOTAKER, Henry; GAARDER, Jostein. *O Livro das Religiões.* Ed. Companhia das Letras, 2000, São Paulo.
HENDERSON, Hazel. *Além da Globalização.* Ed. Cultrix, 2003, São Paulo.
HOBSBAWN, Eric. *O Novo Século.* Ed. Companhia das Letras, 2000, São Paulo.
HOCK, Dee. *Nascimento da Era Caórdica.* Ed. Cultrix, 2000, São Paulo.
HUNTINGTON, Samuel. *O Choque de Civilizações.* Ed. Objetiva, 1996, Rio de Janeiro.
HUXLEY, Aldous. *A Filosofia Perene.* Ed. Cultrix, 1945, São Paulo.
_____. *A Situação Humana.* Ed. Globo, 1985, Rio de Janeiro.
JORNAL O GLOBO. Várias edições.
KANITZ, Stephen. *O Brasil Que Dá Certo.* Makron Books Editora, 1995, São Paulo.
KELLEMEN, Peter. *Brasil para Principiantes.* Ed. Civilização Brasileira, 1961, Rio de Janeiro.

KENNEDY, Paul. *Preparando para o Século XXI*. Ed. Campus, 1993, Rio de Janeiro.
KEPEL, Gilles. *A Revanche de Deus*. Ed. Siciliano, 1992, São Paulo.
KOTLER, Philip; FAHEY, Liam; JATUSRIPITAK, Somkid. *A Nova Concorrência*. Ed. Prentice-Hall do Brasil, 1986, Rio de Janeiro.
LAMA, Dalai. *Uma Ética para o Terceiro Milênio*. Ed. Sextante, 2000, Rio de Janeiro.
LEVITT, Theodore. *Marketing para o Desenvolvimento dos Negócios*. Ed. Cultrix, 1975, São Paulo.
_____. *A Imaginação de Marketing*. Ed. Atlas, 1985, São Paulo.
_____. *Powershift: As mudanças do poder*. Ed. Record, 1990, Rio de Janeiro.
LÉVY, Pierre. *A Conexão Planetária, O Mercado, o Ciberespaço, a Consciência*. Ed. 34, 2001, São Paulo.
MCINTOSH, Malcom et al. *Cidadania Corporativa*. Ed. Qualitymark, 2001, Rio de Janeiro.
MEYER, Thomas. *Socialismo Democrático: Uma Introdução*. Ed. Paz e Terra, 1983, Rio de Janeiro.
MINA, Gianni. *Um Outro Mundo é Possível*. Ed. Record, 2003, Rio de Janeiro.
MOOG, Vianna. *Bandeirantes e Pioneiros*. Ed. Graphia, 2000, Rio de Janeiro.
MOORE, Michael. *Stupid White Men*. W11 Editores, 2003, São Paulo.
_____. *Newsletters via internet*. Várias edições.
MORAIS, Fernando. *Chatô, o Rei do Brasil*. Ed. Círculo do Livro, 1994, São Paulo.
NAISBITT, John. *Paradoxo Global*. Ed. Campus, 1994, Rio de Janeiro.
NAISBITT, John; NAISBITT, Nana; DOUGLAS, Philips. *High Tech, High Touch*. Ed. Cultrix – Amana-Key, 2000, São Paulo.
NAISBITT, John; ABURDENE, Patricia. *Megatrends 2000*. Amana-Key Editora, 1990, São Paulo.
NEEDLEMAN, Jacob. *O Dinheiro e o Significado da Vida*. Ed. Cultrix, 2001, São Paulo.
NOGUEIRA Jr., Paulo. *Mitos da Globalização*.
ODUM, Eugene P. *Ecologia*. Ed. Guanabara, 1983, Rio de Janeiro.
ORGANIZAÇÃO DAS NAÇÕES UNIDAS. Declaração dos Direitos do Homem, 1948.
PAOLIELLO, Lindolfo. *Responsabilidade Social nas Empresas*. Trabalho preparado para a Companhia Vale do Rio Doce, 1998.
POPCORN, Faith. *O Relatório Popcorn*. Ed. Campus, 1994, Rio de Janeiro.
POPCORN, Faith; MARYGOLD, Lys. *Click*. Ed. Campus, 1997, Rio de Janeiro.
REICH, Robert B. *O Trabalho das Nações*. Ed. Educator, 1993, São Paulo.
RENESCH, John. *A Conquista de um Mundo Melhor*. Ed. Cultrix, São Paulo.
_____. *Newsletters via internet*. Várias edições.

REVISTA CARTA CAPITAL. Várias edições.
REVISTA CONJUNTURA ECONÔMICA. Várias edições.
REVISTA ÉPOCA. Várias edições, Ed. Globo.
REVISTA EXAME. Várias edições, Ed. Abril.
REVISTA ISTO É. Brasil 500 Anos, Ed. Três.
_____. Várias edições, Ed. Três.
REVISTA ISTO É DINHEIRO. Várias edições, Ed. Três.
REVISTA NEWSWEEK. Várias edições.
REVISTA SEMPRE BRAZIL FOREVER. Vária edições.
REVISTA TREVISAN. Várias edições.
REVISTA VEJA. Várias edições, Ed. Abril.
RIFKIN, Jeremy. *O Fim do Emprego*.
SEM, Amartya. *Sobre Ética e Economia*. Companhia das Letras, 2002, São Paulo.
SOUZA, Francisco Alberto Madia. *Timeless Society : A 9ª Geração do Marketing*.
SWARTZREPORT. Várias edições via e-mail www.suartzreport.net.
TARNAS, Richard. *A Epopéia do Pensamento Ocidental*. Ed. Bertrand Brasil, 2001, Rio de Janeiro.
THE WALL STREET JOURNAL. Várias edições.
TOFFLER, Alvin. *A Terceira Onda*. Ed. Record, 1980, São Paulo.
TOFFLER, Alvin; TOFFLER, Heidi. *Criando uma Nova Civilização*. Ed. Record, 1995, Rio de Janeiro.
THUROW, Lester. *Cabeça a Cabeça*. Ed. Rocco, 1993, Rio de Janeiro.
_____. *O Futuro do Capitalismo*. Ed. Rocco, 1997, Rio de Janeiro.
TZU, Sun. *A Arte da Guerra*. Ed. Record, 1993, Rio de Janeiro.
LIBRI, Veio (Org.). *Para Entender o Brasil*. Ed. Alegro, 2000, São Paulo.
ARREGY, Clara (Org.). *Pensar Brasil* – Ed. C/Arte, 2000, Belo Horizonte.
VON KELER, Theodore M. R. *Maomé e o Islam*. Editora Tecnoprint, 1984, Rio de Janeiro.
www.alegriadejesus.com.br.
www.club-of-budapest.org.
www.conscius.com.br.
www.ethos.org.br.
www.ibge.gov.br.
www.ions.org.
www.pathwaystopeace.org.
www.twilightclub.org.
www.wethepeoples.org.
www.willisharmanhouse.com.br.
www.worldbusiness.org.

A Verdadeira Motivação na Empresa

Entendendo a Psicologia Organizacional e Dicas para a Motivação no Dia-a-Dia das Empresas

ISBN 85-7303-300-2 / 120 págs.
16 x 23 cm / Cód. 395

Sílvio Broxado atua como consultor na área de Desenvolvimento Pessoal e como gerente financeiro e administrativo da Sul América Seguros para o Nordeste.

No livro são analisados os aspectos mais relevantes da relação empregado-empresa e da motivação humana, especialmente a Teoria das Necessidades Humanas de Maslow, que prevê mecanismos não-manipuladores de motivação e envolvimento dos empregados com os objetivos primordiais das empresas. O autor ainda mostra o que realmente funciona como fator motivador nas organizações.

Entre em sintonia com o mundo

QualityPhone:
0800-263311
Ligação gratuita

Rua Teixeira Júnior, 441
São Cristóvão
20921-400 – Rio de Janeiro – RJ
Tel.: (0XX21) 3860-8422
Fax: (0XX21) 3860-8424

www.qualitymark.com.br
E-Mail: quality@qualitymark.com.br

Dados Técnicos

Formato: 16 x 23

Mancha: 12 x 19

Corpo: 11

Entrelinha: 13

Fonte: Book Antiqua

Total de Páginas: 184